Hanna Homberger
FAMILIENGOTTESDIENSTE

Hanna Homberger

Familiengottesdienste

Mit der ganzen Gemeinde in Bewegung kommen

FRANCKE

Verlag der Francke-Buchhandlung GmbH

Über die Autorin: Hanna Homberger lebt mit ihrem Mann Jürgen und ihren drei Kindern in Marburg. Sie arbeitet als Grundschullehrerin. Außerdem engagiert sie sich ehrenamtlich in ihrer Gemeinde, in der ihr Mann Prediger ist. Seit einigen Jahren gestaltet sie zusammen mit ihm und vielen Mitarbeitern Familiengottesdienste. Dabei bringt sie ihre Erfahrungen aus dem Schuldienst und ihre Weiterbildung zur Theaterpädagogin ein.

Die Bibelstellen wurden nach der Übersetzung
„Hoffnung für alle" zitiert.

Bibliografische Information Der Deutschen Bibliothek
Die Deutsche Bibliothek verzeichnet diese Publikation in der Deutschen Nationalbibliografie; detaillierte bibliografische Daten sind im Internet über http://dnb.ddb.de abrufbar.

ISBN 978-3-86122-968-1
Alle Rechte vorbehalten
© 2007 by Verlag der Francke-Buchhandlung GmbH
35037 Marburg an der Lahn
Umschlaggestaltung: Henri Oetjen, DesignStudio Lemgo
Satz: Verlag der Francke-Buchhandlung GmbH
Druck: Koninklijke Wöhrmann, Niederlande

www.francke-buch.de

Inhaltsverzeichnis

Danksagung

Seit fast zehn Jahren gestalten wir in unserer Gemeinde in Marburg-Süd Familiengottesdienste. Sie sind ohne die Mitarbeiter nicht denkbar.

Deshalb danke ich an dieser Stelle allen, die mitgeholfen haben und helfen, dass es möglich ist, mit Erwachsenen, Jugendlichen und Kindern lebendige Gottesdienste zu gestalten. Es bereitet mir eine große Freude zu sehen, wie wir miteinander Gott loben und wie sich so viele gewinnen lassen, für ihn ihre Begabungen einzusetzen. Wir sind sehr reich durch jeden von euch.

Die meisten der Andachten wurden von meinem Mann Jürgen Homberger verfasst. Vielen Dank, dass du dich auf die unterschiedlichsten Ideen eingelassen, selbst so viele Impulse eingebracht und für die Tiefe in den Gottesdiensten gesorgt hast.

Familiengottesdienste –
mit allen Generationen in Bewegung kommen

Es ist am Sonntagmorgen um 10.45 Uhr. Während eine getragene Melodie erklingt, kommt die Gemeinde in Bewegung.

Die Kinder sind die Ersten. Sie rutschen rasch von ihren Stühlen und schreiben ihre Namen auf ein Poster an der Wand, auf dem große geöffnete Hände abgebildet sind.

Sarah ist es wichtig, dass ihr Name auf jedem der vier Plakate steht.

Dann wagen es auch Jugendliche, und schließlich stehen die Erwachsenen auf.

Familien tragen sich gemeinsam ein, Paare notieren ihre Namen nebeneinander.

Das alte Ehepaar (89 und 85 Jahre) erhebt sich langsam. Er stützt sie beim Aufstehen, und gemeinsam laufen sie mühsam auf die großen Hände zu und fügen ihre Namen in die Liste ein. Mit allen anderen wollen sie dokumentieren, dass sie ihr Leben den guten Händen Gottes anvertraut haben. Der eine oder andere hat vielleicht sogar zum ersten Mal deutlich gemacht, dass er sich in Gottes Händen geborgen wissen darf.

Als wenige Wochen später die Seniorin stirbt, erinnere ich mich an diesen Moment und bin froh über die Gewissheit, dass sie auch jetzt in Gottes Händen sicher und gehalten ist.

Wir haben einen kleinen Blick auf einen Familiengottesdienst geworfen – einen der Gottesdienste, die zum Ziel haben Generationen anzusprechen. Dabei ist es uns wichtig, die Inhalte so zu gestalten, dass Familien mit Kindern, Jugendliche, Singles, Paare und ältere Menschen bewegt werden und gemeinsam Gott die Ehre geben.

Ist das möglich, müssen wir nicht eher für jede Gruppe getrennt Gottesdienste anbieten (Zielgruppengottesdienste)? Kann solch ein Gottesdienst Tiefgang haben?

Im folgenden Buch möchte ich für Familiengottesdienste werben und gleichzeitig praktische Tipps für ihre Gestaltung geben.

Was spricht für gottesdienstliche Feiern, die altersgemischt sind?

Gemeinsam mit den Eltern

Viele Aktivitäten der Kinder finden in Kindergruppen statt. Kindergarten, Schule, Vereine – sie alle haben altershomogene Gruppen im Blick, und auch in den Gemeinden sind die Kinder häufig unter sich, in Jungschar und Kindergottesdienst. Lediglich die ganz Kleinen treffen sich gemeinsam mit ihren Müttern in einer Krabbelgruppe. Mit anderen Kindern und den Eltern zusammen an einer christlichen Veranstaltung teilzunehmen, das ist eher die Ausnahme.

So bleibt es ein besonderes Erlebnis, sich mit den Eltern auf einen gemeinsamen Gottesdienst einzulassen. Hier machen Kinder Erfahrungen mit dem Glauben zusammen mit ihren Eltern. Wir ermöglichen es Kindern, mit ihren Eltern und anderen Erwachsenen zu beten, zu singen und auf Gottes Wort zu hören. Dabei erleben die Kinder: Der Glaube der Eltern ist keine Ausnahmeerscheinung, es gibt noch andere erwachsene Christen, die diesen Glauben teilen.

Es ist eine großartige und stärkende Erfahrung für die Familie, wenn Kinder und Eltern im Gottesdienst eine Funktion wahrnehmen und Gott gemeinsam dienen (vgl. Gottesdienstbeispiele). Anders als Freizeitaktivitäten verbindet ein miteinander erlebter Gottesdienst die Familien, sie können die Auswirkungen einer Andacht hautnah erfahren:

Wie es manchmal so ist, hat es direkt vor der Abfahrt zum Gottesdienst zwischen der Mutter und dem heranwachsenden Sohn gewaltig gekracht. Mit einem schalen Geschmack im Mund sitzen beide im Saal und hören auf die Worte des Pastors.

Dann trifft die Andacht ins Herz. Diesmal ist es der Junge, der auf die Mutter zugeht und sagt: „Es tut mir leid, dass ich so laut geworden bin." Darauf entschuldigt seine Mutter sich ebenfalls für ihren Ton. Dann umarmen sie sich und wissen: Es ist alles wieder gut. Wir haben einander und Gott hat uns vergeben.

Wenn wir gemeinsam als Familie in der Gemeinde Gott für seine Liebe „danke" sagen und ihn mit Liedern preisen, dann wird jedem deutlich, dass es stimmt: „Wo zwei oder drei in meinem Namen versammelt sind, da bin ich mitten unter ihnen." (Mt 18,20)

Das Interesse der Kinder wecken

Unsere Familiengottesdienste dürfen nicht permanent über die Köpfe der Kinder weggehen, sonst erreichen wir natürlich nicht unser Ziel, auch Kinder anzusprechen. Ihnen wird langweilig, sie sind unruhig, und unter Umständen werden sie durch ungnädige Blicke anderer Gottesdienstbesucher eingeschüchtert.

Ganz kleine Kinder sind daher auch bei Familiengottesdiensten besser im Übertragungsraum aufgehoben, wo sie ihrem Alter gemäß spielen können und nicht still sitzen müssen.

Kindergartenkinder, die es gewöhnt sind, an generationenübergreifenden Gottesdiensten teilzunehmen, können sich schon auf das Gehörte einlassen und werden sich beteiligen, wenn sie bei der Vorbereitung mitbedacht werden.

Um Kinder über einen längeren Zeitraum zu fesseln, muss Abwechslung eingeplant werden: Aktion und Ruhe, Auditives und Visuelles, Bewegung und Spannung – das sind Elemente, die auch Erwachsene ansprechen.

Unter Umständen muss der Zeitrahmen an den kindlichen Rhythmus angepasst werden, und ein Gottesdienst wird dann nur 45 Minuten dauern.

Kinder erfahren: Die Gemeinde stellt sich auf mich ein

Nicht nur die Mitarbeiter des Kindergottesdienstes gestalten bei uns die Familiengottesdienste. So bedeuten sie auch eine Entlastung für dieses sehr engagierte und beanspruchte Team unserer Gemeinde. Meist wird der Gottesdienst von Personen vorbereitet, die mit der Kindergruppe nichts zu tun haben.

Wenn Kinder entdecken, dass Erwachsene aus der Gemeinde die Kinder im Blick haben, weil sie ihnen wichtig sind, wächst ein Gemeinschaftsgefühl.

Es ist wichtig, dass die Last des Gottesdienstes nicht ständig auf den Kindern liegt. Auch ihnen sollte etwas geboten werden, auch Erwachsene dürfen ihnen einmal ein Lied vorsingen oder ein Theaterstück vorspielen. Spannend ist es auch, wenn Alt und Jung gemeinsam zur gottesdienstlichen Feier beitragen.

Das Ziel ist, dass das Kind empfindet: Ich bin für die Menschen unserer Gemeinde als Persönlichkeit wichtig und wertgeschätzt.

Wenn dann auch noch deutlich wird, dass die älteren Gemeindeglieder für die jungen beten, wird sich ein Kind wohl fühlen und Kontakte zu diesen aufbauen.

Später kann der Sprung aus dem Kindergottesdienst in den „großen" Gottesdienst leichter gelingen.

Am Ende eines Gottesdienstes haben die Gemeindemitglieder die Namen eines Kindes gezogen, mit dem Ziel, für dieses Mädchen, diesen Jungen zu beten.

Plötzlich wird die Entwicklung des Gebetspatenkindes ganz anders verfolgt als vorher. Bei Schwierigkeiten wird nachgefragt, Eltern erhalten die Information, dass für den Sohn gebetet wird. Dies stärkt die Gemeinde, und die Eltern und Kinder erfahren: Wir sind nicht allein. Die Gemeinde stellt sich im Gebet hinter uns, das ist eine wohltuende Erfahrung.

2. AUS DER SICHT DER ERWACHSENEN

In den ersten Jahren, in denen Familien zu den Gottesdiensten kamen, nahmen die Kinder am Vorspann (Begrüßung und Loblieder) teil und gingen dann in den Kindergottesdienst. Der „Auszug" der Kleinen war immer ein besonderer Moment, an dem sich viele freuten, weil es ein schönes Bild war, wie sie sich zum Teil Hand in Hand auf den Weg in „ihren" Gottesdienst machten.

Nachdem die Mitarbeiter des Kindergottesdienstes immer öfter unter Zeitdruck kamen und sie auch ein anderes Konzept wählten, bei dem die Kinder direkt zu ihrer Gruppe gingen, entdeckten viele mit Wehmut, dass ihnen die Kinder fehlten – ein, wie ich denke, gutes Zeichen.

Heute werden die Familiengottesdienste zum Treffpunkt von Jung und Alt. Erwachsene lassen sich durch die Kinder auf Außergewöhnliches ein (Bewegungslieder, Ausdruckstanz, Gebärdenvaterunser u.a.). Die den Kindern so nahe liegende Bewegung kann viel unproblematischer in den Gottesdienst eingebracht werden.

Ich entdecke gerade bei vielen Senioren eine große Aufgeschlossenheit für neue Formen, die von Kindern vorgestellt werden. So war ein Rap am Heiligen Abend kein Problem, denn die Kinder haben ihn im Rahmen eines Musicals aufgeführt, das die zentrale Weihnachtsbotschaft zum Inhalt hatte.

Kinder haben einen Bonus, was kreative und ungewöhnliche Ideen betrifft.

So kann durch sie der Gottesdienst lebendig und gestaltungsreich werden.

Da wir uns bemühen alle Sinne ansprechen, wird Glaube auch für Erwachsene sichtbar dargestellt. Uns ist es ein Anliegen, den ganzen Menschen zu berühren und auch emotional anzusprechen, indem wir ihm ermöglichen, symbolisch Antwort auf Gottes Anspruch zu geben.

Erwachsene nehmen in unseren Gottesdiensten den Auftrag Gottes wahr, wie er in 5. Mose 4,9-10 steht: „Hütet euch davor, etwas von dem, was ihr gesehen habt, zu vergessen! Erinnert euch euer Leben lang daran, und erzählt es euren Kindern und Enkeln weiter ... Sie (die Israeliten) sollen lernen, mich zu achten und ihren Kindern meine Worte weiterzusagen."

Dies kann im Nachgespräch zum Gottesdienst zwischen Kindern und Eltern geschehen, aber auch im Gottesdienst selbst, wo ein Erwachsener aus seinem Leben mit Gott erzählt. Das, was wir mit unserem Gott erlebt haben, können, dürfen und sollen wir den Kindern weitergeben, und wir versichern uns selbst auch damit unseres Glaubens und erinnern uns, dass es so viel Grund gibt, Gott zu danken.

Der Familiengottesdienst ist kein Kindergottesdienst, er muss auch Elemente für Erwachsene haben. Er ist auch nicht nur ein Gottesdienst für Eltern mit Kindern, er soll ebenfalls Singles und Senioren im Blick haben. Das ist eine große Aufgabe, aber eine lohnenswerte.

Drei Stimmen aus unserer Gemeinde von Erwachsenen möchte ich nicht vorenthalten: *„Die Kinder waren mir heute ein Vorbild."* (Sie hatten die Anbetungszeit mitgestaltet.)

„Hätte ich gewusst, dass am Wochenende Familiengottesdienst ist, hätte ich meinen Urlaub erst am Montag begonnen."

„Dieser Gottesdienst hat mich noch die ganze Woche begleitet."

3. ... UND DIE JUGENDLICHEN?

Noch nicht lange sind sie der Kinderzeit entwachsen, und ich bemerke eine Großzügigkeit bei den jungen Leuten im Blick auf Elemente, die stärker auf Kinder ausgerichtet sind. Dies hängt sicher damit zusammen, dass sie sich gut daran erinnern, wie es war, als sie als Kinder die Familiengottesdienste besucht haben. Hier zeigt sich, wie wichtig eine kontinuierliche Arbeit mit altersheterogenen Gruppen ist.

Wahrscheinlich werden die Teenies nicht bei den Bewegungsliedern mitmachen, aber wenn sie berücksichtigt werden und sie z. B. ebenfalls im Gottesdienst vor Schulbeginn mit auf die Bühne kommen und für sie gebetet wird, dann werden sie sich angenommen und beachtet fühlen.

Sie werden in die Vorbereitung einbezogen: Sie begleiten Lieder, laufen mit einer Fackel ein, ihr Lebensbereich wird bei der Predigt erwähnt, sie spielen Theater und Ähnliches.

Klar, ein Familiengottesdienst ist nicht so fetzig wie ein Konzert oder eine Spezialveranstaltung für junge Leute. Und doch besucht diese Gruppe die Familiengottesdienste regelmäßig und ist immer bereit, sich zu beteiligen.

Was für Kinder und Erwachsene gilt – wenn Gottes Wort auf vielfältige Art und Weise weitergegeben wird, dann entsteht keine Langeweile, es prägt sich ein und geht mit in den Alltag – genau das gilt auch für unsere Jugendlichen.

Natürlich ist es nicht immer möglich, jede Gruppe in einem Gottesdienst zu berücksichtigen. Der Schwerpunkt kann und wird immer wieder einmal ein anderer sein. Beim Erntedankfest werden mit der Geschichte vielleicht kleinere Kinder angesprochen, der nächste Gottesdienst geht vielleicht tiefer und berührt eher Ältere und Jugendliche. Doch auch wenn die gottesdienstliche Feier möglichst viele ansprechen soll, heißt es auszuhalten, wenn der andere stärker im Mittelpunkt steht. Uns muss klar sein, dass wir es nicht jedem recht machen können. Die Bibel macht doch deutlich, dass es darum geht, nicht nur sich zu sehen, sondern auch einmal den Blick des andern einzunehmen. Auch dazu können gemeinsame Gottesdienste verhelfen.

Wenn es uns gelingt, viele Menschen zu motivieren, in unseren Veranstaltungen mitzuarbeiten, dann wird der Gottesdienst noch mehr zu ihrem Gottesdienst. Sie haben ganz anders Teil an ihm und wissen, was es bedeutet, einen Gottesdienst vorzubereiten und durchzuführen.

Welche Ziele haben wir?

Nachdem wir uns mit den Chancen eines Familiengottesdienstes befasst haben, ist es wichtig, sich zu fragen, was wir mit dieser gottesdienstlichen Feier beabsichtigen.

Unsere Ausrichtung hat Konsequenzen für unsere Planung. So wird jeder Gottesdienst einen besonderen Zielschwerpunkt haben, aber grundsätzlich gibt es Intentionen für alle gemeinsamen Gottesdienste: Wir wollen, dass Menschen Jesus kennen lernen, wir möchten Jung und Alt Impulse für ihren Glauben geben. Menschen sollen innerlich bewegt werden, sich gegenseitig im Glauben stärken und aus den Gottesdiensten Kraft für den Alltag erhalten.

Wir wünschen uns sehr, dass es einen Unterschied macht, ob man am Sonntag unter den Gottesdienstbesuchern war, oder nicht.

Und ganz besonders wichtig erscheint uns, dass in der Gemeinde eine Einheit von jungen und alten Menschen wächst. Die gegenseitige Anteilnahme, das Verständnis füreinander und der Blick für die andere Generation sollen verstärkt werden. Das kann nur durch die Begegnung geschehen, nur so erhöht sich die Akzeptanz.

Unsere Familiengottesdienste sollen vermitteln: Für jede Altersgruppe ist Gott da, er ist immer derselbe, und er handelt im Leben der Kinder ebenso wie im Leben der Senioren. Das ist es, was diese Gottesdienstgemeinde verbindet und zusammenschweißt.

Das Gebet

Wir können abwechslungsreiche Gottesdienste gestalten, alle Generationen berücksichtigen und viele Elemente einplanen – wenn Gott seinen Segen nicht dazu gibt, ist jede Mühe umsonst. Ich sage Ihnen nichts Neues?

Sicher ist uns das bekannt, und doch verdrängt manchmal eine gute Vorbereitung dieses Wissen und wir haben den Eindruck, es kommt jetzt entscheidend auf unsere Ideen und Planungen an. Und Gott setzt Haltezeichen: Die Ideen fließen nicht, im Team stimmt die Atmosphäre nicht, Kritik macht uns zu schaffen. HALT!!!

Wer schenkt uns die Ideen, wer kann unser Miteinander prägen, auf wen sind wir angewiesen? Wir arbeiten für den Geber aller Gaben. In diesem Bewusstsein wollen wir planen, singen, predigen.

Ich muss eine Moderation vorbereiten, die Zeit bis zum Sonntag wird knapp. Normalerweise plane ich lange voraus, aber daran liegt es nicht. Ich habe früh genug begonnen, mir Gedanken für den Gottesdienst zu machen.

Wieso will mir diesmal nichts Kreatives einfallen? Das passiert mir doch sonst nicht.

Es wird Samstag und immer noch quäle ich mich. Da schießt mir durch den Kopf: Von wem kommen denn eigentlich deine Ideen, wer hat dich bisher beschenkt? Beschämt wird mir klar: Ich habe mich ganz auf **meine** Fähigkeiten verlassen.

Für meine Moderation habe ich nicht gebetet. Ich erkenne, dass ich selbstsicher auf mich vertraut habe und meine Erwartungen sich auf mich beschränkt haben. Jetzt wende ich mich an meinen Vater im Himmel: Herr, von dir kommen alle guten Einfälle, du weißt, was die Gemeinde braucht, ich überlasse dir diese Moderation, damit ich weitergeben kann, was du mir zuvor geschenkt hast.

Und ich werde von Gott beschenkt. Die positiven Rückmeldungen zum Gottesdienst kann ich leichten Herzens an Gott weitergeben.

Das Gebet für die Planung und die Durchführung der Gottesdienste wird mir immer wichtiger. Auch mit allen Beteiligten beten wir meist nochmals direkt vor den Veranstaltungen. Da sind die mitwirkenden Kinder eingeschlossen. Für sie ist es eine wichtige Seite der Vorbereitung, weil sie verstehen, dass unser Einsatz für Gott geschieht.

Ich empfinde eine große Dankbarkeit, wenn sich alle Mitarbeiter nochmals gemeinsam zum Gebet treffen: Wir sind durch Gott reich beschenkt, der uns zusammen mit diesen begabten Menschen in unsere Gemeinde gestellt hat.

Ihm und seinem Sohn Jesus gilt die Ehre.

Der rote Faden

Für uns hat sich bewährt, dass sich das Thema des Gottesdienstes durch das Programm zieht. Nicht nur bei den Liedern und der Andacht, selbst bei Ansagen und kreativen Teilen bemühen wir uns, den Zielgedanken durchleuchten zu lassen.

So wird er ständig wiederholt, bleibt in Erinnerung und geht noch deutlicher mit, als wenn er lediglich seinen Niederschlag in der Verkündigung findet.

Oft schon wird die Dekoration, die gar nicht immer aufwändig sein muss, zum ersten Hinweis auf unser Thema. Wenn die Besucher den Raum betreten, entdecken sie, was uns heute beschäftigen wird. Auch Wochen später sind ihnen Elemente des Gottesdienstes noch präsent, und sie können sich an die Hauptaussagen erinnern.

Natürlich setzt dieses Vorgehen eine enge Zusammenarbeit zwischen Vorbereitungsteam, Musikteam und dem Verkündiger voraus.

Das bedeutet auch Mühe, aber es ist außerdem sehr befriedigend zu sehen, wie sich Menschen dadurch ansprechen lassen und die Gottesdienste einen großen Nachhall haben.

An dieser Stelle hat die Moderation, die durch den Gottesdienst führt, eine wichtige Funktion. Durch sie bekommen die einzelnen Teile der gottesdienstlichen Feier eine Verbindung, so wird aus ihnen ein Guss.

Ein **Moderator** sollte natürlich, klar und auch für Kinder verständlich reden können. Dabei sind Fehler und Versprecher nicht problematisch, sondern eher sympathisch. Wichtiger als Perfektionismus ist eine freundliche und wertschätzende Art, die einladend wirkt und Menschen für die Sache begeistern kann.

Um Ihnen die Moderation zu erleichtern, habe ich jedem Gottesdienst Hinweise für den Moderator beigefügt. Es ist sicher wichtig, dass derjenige, der durch das Programm führt, seine eigenen Schwerpunkte setzt. Deshalb verstehen Sie diese Zusätze als Vorschläge, die unbedingt und gerne durch eigene Ideen ergänzt werden können.

Elemente zur Vertiefung des Zielgedankens

Die Bibel zeigt vielfältige Formen und kreative Elemente, wie Gottes Wort weitergegeben werden kann. Jede Form, Symbolhandlungen (Salbung Davids …), Lieder und Geschichten, Tänze und Erinnerungshilfen an Gottes Taten (Steinmale bei Jakob, Quasten an Gewändern u. a.), hat ihren Wert und Zeitpunkt.

Alle diese Elemente kann Gott nutzen, uns anzurühren und aufzufordern, seinen Anspruch an unser Leben ernst zu nehmen.

Die Andacht ist ein wesentlicher Bestandteil des Gottesdienstes. Auch alle anderen Teile werden dem Zielgedanken untergeordnet. Es sollten nicht zu viele unterschiedliche Formen auf einmal verwendet werden, sie können sonst überfordern. Ein geschickter Wechsel in verschiedenen Gottesdiensten ist sinnvoll, um immer wieder andere Aspekte anzusprechen.

1. ANDACHT

Die Andachten sind für den Prediger eine Herausforderung, sie sollen die Kinder berücksichtigen, aber nicht ausschließlich. Rückfragen für die Kinder (interaktive Ansprachen) können helfen, auch jüngere Gottesdienstbesucher gedanklich und aktiv einzubinden, sie dürfen aber nicht als lehrerhaftes Abfragen verstanden werden.

Auch bei der Verkündigung ist ein roter Faden wichtig, ebenso eine Sprache, die auf Fremdwörter und Schachtelsätze verzichtet. Bewährt hat sich, nicht zu viele Punkte herauszuheben, sondern eher wenige Gedanken zu beleuchten.

Nicht immer werden die Kinder alles verstehen, aber sie können für sich selbst differenzieren. Die Aussagen, die für ihr Kindsein wichtig sind, werden sie aufnehmen und verarbeiten, andere, mit denen sie sich nicht so identifizieren können, auch vergessen.

Der Hintergrund für die Andachten können biblische Geschichten, einzelne Worte aus der Bibel, Lieder und Themen sein.

Sicher sind manche Bibeltexte nicht geeignet für einen Familiengottesdienst, weil sie weit über den kindlichen Horizont hinausgehen.

Deshalb lohnt sich auch eine Rücksprache mit dem Kindergottesdienst- bzw. Jungscharteam. Sie können Themen und Texte nennen, die sie gerade behandeln.

Auf der anderen Seite sollte die Welt der Erwachsenen ebenfalls ihre Erwähnung finden. Themen für Kinder müssen nicht dazu führen, dass ältere Gottesdienstbesucher sich zurücklehnen, weil sie sich nicht wiederfinden.

Die Fragen der Kinder sind oft nicht so weit von den aktuellen Problemen erwachsener Menschen entfernt. Was klar und prägnant angesprochen wird, kann jede Altersstufe betreffen.

Die im Folgenden dargestellten Andachten wurden in Kurzform niedergeschrieben. Sie warten auf Ihre Erweiterung und die Bereicherung durch Ihre persönlichen Beispiele.

2. LIEDER

Die große Auswahl an Liedern macht es uns oft nicht leicht, Passendes auszuwählen. Den Zuschlag erhalten Loblieder und solche, die das Thema unterstreichen.

Die Lieder dürfen von der Melodie her nicht zu schwer sein. Da sie häufig nicht allen bekannt sind, ist es wichtig, dass man sie leicht lernen kann. Hier hat es sich bewährt, ein Team zusammenzustellen, oft aus Kindern, Jugendlichen und Erwachsenen, das die Lieder übt und sicher singen kann.

Lieder, die für die gesamte Gemeinde unbekannt sind, können so im Gottesdienst vorgestellt werden. Es sollte aber höchstens ein neues Lied eingeführt werden.

Wir muten den jungen Leuten zu, einmal ein altes Lied zu lernen, bei dem wir aber zugegebenermaßen darauf achten, dass es vom Text nicht zu unverständlich ist. Alte Kinderlieder wie „Gott ist die Liebe", oder „Weißt du, wie viel Sternlein stehen?", aber auch Choräle dürfen moderne Kinder lernen, um etwas von unserer Tradition zu erfahren. So verstehen sie: Gemeinde gab es schon vor uns, dort wurden Lieder zur Ehre Gottes gesungen, andere als heute, aber sie haben auch ihre Berechtigung.

Gleichzeitig sind sie Türöffner zu unseren älteren Gottesdienstbesuchern, denen ihr Liedgut aus der Jugendzeit verständlicherweise am Herzen liegt.

Wir muten natürlich auch unseren Senioren und Jugendlichen gute christliche Kinderlieder zu, die manchmal so klar und prägnant das Wesentliche zum Ausdruck bringen. Nicht immer wird sich jeder auf das ihm in Melodie und Text fremde Lied einlassen. Das können wir aber aushalten und müssen wir akzeptieren. Allein die Tatsache, dass wir im Gottesdienst eine gute Altersstreuung haben, gibt uns das Recht, ältere und neuere Lieder zu verwenden.

Bewegungslieder erfüllen das, was sie versprechen, sie bringen Bewegung in den Gottesdienst. Wenn alle aufstehen und jeder dem anderen die Hände über den Kopf hält, als Zeichen, dass Gottes Hände segnend über dem Nachbarn sind, dann wird die Zusage Gottes: „Ich bin bei dir alle Tage" ganz konkret und begleitet in den Alltag.

Es ist ein Geheimnis, dass es Gottesdienste gibt, in denen auch fast alle diese Bewegungen mitmachen, in anderen wiederum sind es eher die jüngeren Besucher.

3. Symbolhandlungen

Symbolhandlungen sind nicht nur für Kinder wichtig, sondern können auch bei Erwachsenen einen bleibenden Eindruck hinterlassen.

Wir kennen sie häufig als Rituale, die nicht mehr erklärt werden müssen. So ist der Ringtausch während einer Trauung ein Zeichen der Verbundenheit und ein Symbol für den Anfang der gemeinsamen Ehe. Der Ring an der Hand steht im Alltag für die Treue des Paares zueinander.

In unserem Kulturkreis ist dieses Zeichen bekannt. Die Handlung sagt mehr als Worte und hat eine lange Tradition. Das kennzeichnet tradierte Symbolhandlungen.

Sie sind ein einfacher Vorgang, aber es schwingt sehr viel mehr mit. Sie zeichnen sich aus als etwas, das einen Sinn in sich trägt, der nachhaltig ist und den Worte so nicht beschreiben können.

In der Bibel gibt es das „In Sack und Asche gehen" als Zeichen der Umkehr und Buße. Jeder kannte die Bedeutung dieses Aktes. Heute muss ich den Kindern erklären, warum sich die Niniviten so seltsam verhalten haben. Sie können der Handlung von sich aus keine Bedeutung geben.

Wenn wir im Gottesdienst mit Zeichenhaftem arbeiten, und es geschieht ja beispielsweise im Abendmahl und in der Taufe, dann müssen bekannte Vorgänge nicht erklärt werden. Anderen wiederum geben wir eine Bedeutung, da Handlungen meist mehrdeutig sind.

Wenn Menschen eine Unterschrift geben, dann ist das gewöhnlich nicht mit der Frage nach der Beziehung zu Gott verbunden.

Im oben beschriebenen Gottesdienst haben Teilnehmer ihren Namen auf eine Tapete gesetzt, auf die große geöffnete Hände gezeichnet waren.

Wenn wir jetzt deutlich machen, dass dieses Unterzeichnen eine Vergewisserung sein kann, dass mein Name bei Gott gut aufgehoben ist, dann ist die Tätigkeit des Schreibens mit einer ganz anderen Wichtigkeit behaftet als in dem Moment, wo ich den Namen lediglich auf ein Schulheft schreibe.

Da Symbolhandlungen im Lebensablauf eine wichtige Rolle spielen, setzen wir sie im Gottesdienst auch nicht willkürlich und ständig ein. Sie ergeben sich aus dem Inhalt und Ziel. Sie haben einen freiwilligen Charakter.

Wir müssen uns bewusst sein, dass Symbolhandlungen trotz der Sinngebung unterschiedlich gedeutet und erlebt werden können. Das ist eben abhängig vom Erlebnishintergrund der Menschen. Ich bin davon überzeugt, dass wir wieder mehr religiöse Symbole brauchen, die uns des Glaubens versichern, die ins Herz gehen, ohne viele Worte eindrücklich sind und einen Raum für Glaubenserfahrungen schaffen.

Es ist bewegend zu sehen, wie Menschen aus der Gemeinde nach vorne gehen und Zettel mit Worten des Dankes oder der Bitte an Gott auf den Altar legen. Erinnert das nicht auch an die Klagemauer? Ich erkenne, dass mein Wunsch ganz Gott gehört. Ich muss mich aber auch auf den Weg machen, es ist ein Zeichen für andere, dass ich aufstehe und mein Anliegen auch durch meine Bewegung zu Gott bringe. Genauso kann eine Symbolhandlung einen Entschluss nach außen und auch nach innen festigen.

Für eine Veranstaltung direkt vor Schulbeginn stellten wir eine Tür auf die Bühne.

Es waren Einschulungskinder unter uns, aber auch Jugendliche, für die ein wichtiges Schuljahr begann. Ein Mitarbeiter wurde verabschiedet, der zur Ausbildung auf ein theologisches Seminar wechselte. Sie alle gingen symbolisch durch diese Tür, um sich vorweg zu versichern, dass, egal, was hinter einer Tür auf sie wartet, Gott durch Jesus schon da ist. Es war ein äußeres Zeichen für eine innere Haltung, die sich schon darauf festlegt, auch bei Schwierigkeiten das Vertrauen auf Jesus zu setzen.

4. BEWEGUNG

Innere Bewegung findet häufig in äußerer Bewegung ihren Ausdruck. Wer angesprochen wurde durch die Botschaft Jesu, ist aufgefordert, zum anderen zu gehen und die gute Nachricht weiterzugeben. Ein gutes Beispiel sind die Emmausjünger, die in großer Eile den Weg nach Jerusalem zurücklaufen, um von dem auferstandenen Jesus zu berichten.

Gemütsbewegungen äußern sich besonders bei Kindern in Körperbewegungen, so hüpfen sie vor Freude oder stampfen vor Ärger mit dem Fuß.

Unsere Sprache erinnert uns noch an diese Form, Emotionen so zum Ausdruck zu bringen: „Ich bin innerlich mitgegangen, es hat mich sehr bewegt, ich hätte tanzen können vor Freude."

Wir haben als Erwachsene verlernt, so ursprünglich zu reagieren. Und doch kann die Bewegung auch für Erwachsene befreiend sein.

Auch sie haben unterschiedliche Kanäle, über die sie lernen, und einer der Kanäle ist das Körpergedächtnis, das gewöhnlich in unseren Gottesdiensten nicht angesprochen wird. Kinder machen uns vor, wie Bewegung hilft, Zusammenhänge zu begreifen und zu speichern. Sie ermutigen uns im gemeinsamen Gottesdienst, von und mit ihnen zu lernen („wenn ihr nicht werdet wie die Kinder ...").

Wo es möglich ist, bieten wir daher in den Gottesdiensten einen Rahmen für Bewegung (Bewegungslieder, Aufstehen, nach vorne gehen).

Das ist nicht nur wichtig im Blick auf die Kinder, die einen gesunden Drang haben, sich zu bewegen und für die es nach einer Zeit des Zuhörens notwendig sein kann, aktiv zu werden, um danach wieder zur Stille zu finden.

Die Menschen sind verschieden, die Chance zur Bewegung wird der

Bewegungsaktive nutzen, für andere ist es wichtig, dass es keinen Druck gibt und jeder die Freiheit hat, auch zurückhaltend zu sein.

5. Geschichten

Wir verwenden häufig Geschichten in verschiedenen Formen: als biblische Geschichte, Beispielgeschichte oder auch als Darstellendes Spiel. Geschichten verbinden Jung und Alt. Spannend vorgetragen, kann man eine Stecknadel fallen hören, denn es lassen sich Große und Kleine auf sie ein.

Eine Geschichte, die vorgelesen oder erzählt wird, hat im Gegensatz zum Fernsehen die Komponente des Du. Der Vortragende erzählt für mich, er kann mich ansehen, und aus diesem Grund fühle ich mich auch angesprochen.

In meiner Schulklasse erlebe ich es gar nicht selten, dass die im Fernsehen erprobten Kinder wie gebannt an meinem Mund hängen, wenn ich eine Geschichte erzähle. Es entsteht eine Atmosphäre, die sehr persönlich ist. Immer wieder erlebe ich, dass sie mich auffordern, weiterzuerzählen.

Aus diesem Grunde halte ich es für wichtig, dass der Vorlesende oder Erzählende den Text zuvor gut gelesen hat und ihn betont, mit der Stimme spielend vorliest.

Es ist wichtig, dass der Vortragende in gewissen Abständen die Augen vom Konzept auf die Gemeinde richten kann und so den Blickkontakt herstellt.

Geschichten wurden schon immer weitergegeben und für die Verkündigung genutzt. Wir stehen mit der Verwendung von Geschichten in biblischer Tradition: Die Israeliten wurden aufgefordert, ihren Kindern von Gottes Tun und seiner Macht zu erzählen, wie sie sich bei dem Auszug aus Ägypten zeigte.

Jesus erzählt Gleichnisse, und diese bringen auf den Punkt, wie Gott ist, wie der Mensch sich verhalten soll, und er lässt durch sie in die Zukunft blicken.

Schwierige Sachverhalte und der schwere Weg zur Selbsterkenntnis werden durch Geschichten veranschaulicht.

Der Zuhörer gibt Jesus Recht und damit auch der Aussage hinter der Geschichte.

Mit Geschichten beabsichtigen wir das Gleiche. Hinter der Geschichte steckt mehr als nur Unterhaltung, sie wird in der Predigt aufgegriffen, oder sie unterstreicht einen wichtigen Punkt.

Es ist nicht immer leicht, passende Geschichten zu finden. Sie dürfen nicht zu lang sein, sollen den Fokus der Andacht verstärken und eine gewisse Spannung aufbauen. Ich habe eigene Geschichten geschrieben, wenn wir auf keine geeignete gestoßen sind. Sie sind so formuliert, dass sie gut in den jeweiligen Gottesdienst eingebaut werden können.

Wenn Sie auf die Suche nach angemessenem Material gehen, dann achten Sie auf eine klare Sprache und auf die Länge der Geschichte. Nachdem die Kinder der Geschichte zugehört haben, folgt ja oft noch eine weitere Anforderung an ihre Konzentration, die Verkündigung.

Es lassen sich auch nicht alle Geschichten aus Kinderbibeln gut verwenden. Hier ist eine größtmögliche Nähe zur Bibel und eine gute, verständliche Sprache ein Kriterium für die Auswahl.

Haben Sie den Mut, einen Gottesdienst von einer Geschichte für Kinder her aufzuzäumen. Viele Bilderbücher – sowohl christliche als auch säkulare – vermitteln in einfachen Worten und auf gute Weise biblische Wahrheiten.

Hier stelle ich Ihnen eine Geschichte vor, die von keinem christlichen Verlag stammt:

Der kleine Riese ist von seiner Familie enttäuscht, er verlässt seine Heimat und gelangt in das Land eines Königs, der sehr traurig ist, weil er seinen Vogel nicht finden kann. Der Riese hilft dem König, nach dem Vogel zu suchen, den dieser, wie es aussieht, sehr lieb hat. Dies wird deutlich durch die sehnsüchtige und ausdauernde Suche. Unterwegs entdeckten sie viele begabte und wunderschöne Vögel – solche mit bunten Eiern, mit farbigen Krawatten und herrlich singende.

Der Riese stellt sich vor, dass der Vogel, ähnlich wie diese anderen, ein ganz besonderer sein muss, schließlich gibt sich der König so arg Mühe, das Tier zu finden.

Als sie ganz entmutigt aufgeben wollen, entdecken sie ein graues Etwas, auf das der König mit einem lauten Schrei zuläuft. Er nimmt ihn hoch, drückt ihn an sich und ist glücklich, seinen kleinen Freund wieder zu haben.

Der Riese ist ganz erstaunt und fragt den König, was der Vogel kann. Nun stellt sich heraus, dass dieser Piepmatz weder schön, noch besonders befähigt ist. Und plötzlich versteht der kleine Riese: Dieser Vogel wird nicht für irgendetwas geliebt, sondern einfach nur so. Dass er geliebt wird, macht ihn zu etwas ganz Besonderem (nach: Der kleine Riese von Hans Wilhelm, Carlsen Verlag 1992).

Wie gut lässt sich mit dieser Geschichte darstellen, wie Gottes Liebe ist. Sie ist ohne Vorbedingungen, man kann sie sich nicht verdienen und nicht durch Begabungen erarbeiten. Gott liebt einfach nur so, und das macht jeden Menschen zu etwas Besonderem.

Wir werden von ihm geliebt: einfach nur so.

6. Darstellendes Spiel

Im Bereich des Darstellenden Spieles gibt es viele Facetten, die sich innerhalb eines Gottesdienstes nutzen lassen.

Ich habe einige Formen ausgewählt, die wir gerne einsetzen.

Szenische Darstellung

Vieles, was ich über die Verwendung von Geschichten im Gottesdienst gesagt habe, gilt auch für die szenische Darstellung.

Zunächst geschieht nichts anderes, als dass wir den Zuhörern und Zuschauern eine Geschichte vor Augen malen. Natürlich können die Anteilnahme und das Hineingenommenwerden noch intensiver sein als beim Vortrag einer Erzählung. Das Auge wird einbezogen, und daher bietet ein Theaterstück besonders den visuellen Typen unter den Gottesdienstbesuchern ein gutes Forum.

Anders als das Fernsehen, das im Schwerpunkt versucht, Wirklichkeit widerzuspiegeln, kann im Spielen einer Szene bewusst mit Brechungen mit der Wirklichkeit gearbeitet werden. Ein Mitspieler stellt mitten in einer biblischen Geschichte einen Menschen von heute dar. Oder eine Person aus dem Publikum kann in die Szene eingreifen und so deutlich machen, dass das gespielte Thema jeden im Raum angeht.

Theaterstücke machen betroffen, nehmen hinein, fordern zum Schmunzeln auf, haben einen Wiedererkennungseffekt und sind ein Aufruf zum Widerspruch.

Diese Möglichkeiten machen die szenische Darstellung so attraktiv für die Verkündigung.

Die Vorbereitung einer Spielszene ist aufwändig, aber meist gibt es in einer Gemeinde begabte Darsteller. Für den Familiengottesdienst sind Stücke für Jung und Alt besonders interessant, weil dann schon das Theaterstück unser Anliegen des Miteinanders deutlich werden lässt.

Das Schattentheater

Es ist eine Form für Kinder und Erwachsene, die etwas Schutz brauchen und nicht direkt den Zuschauer im Blick haben möchten, wenn sie auf der Bühne stehen.

Unsere kleinen Kinder lassen sich gerne für das Schattentheater gewinnen. Auch für Behinderte hat sich diese Darstellungsform sehr bewährt.

Für das Schattentheater benötigt man eine starke Lichtquelle von hinten. Das kann ein Overheadprojektor sein.

Die Spieler bewegen sich dicht vor einer Leinwand, für die man sehr gut ein weißes Bettlaken benutzen kann. Die Schatten der Personen werden auf diese Leinwand übertragen. Der Zuschauer sieht nichts von den Schauspielern, lediglich ihr Schattenbild.

Für kurze Darstellungen reicht es, wenn zwei Personen das Tuch gespannt halten.

Bei längeren Szenen empfiehlt es sich, einen Rahmen herzustellen, der sicher steht und mit dem das Tuch gestrafft wird. Je besser das gelingt, umso klarer sind die Konturen.

Foto M. Stut

26

Das Foto zeigt eine Hirtenszene aus einem Krippenspiel. Schatten-theater kann durch die Reduzierung auf Schwarz-Weiß und seine Eindimensionalität (wie ein Scherenschnitt) sehr beeindruckend sein.

Mit dem Schattentheater lassen sich biblische Geschichten darstellen: z. B. die Geschichte des Bartimäus. Hier fasziniert mich der Zusammenhang von Licht und Schatten und dem Blinden, dem Jesus das Augenlicht schenkt.

Der Einstieg in ein Thema gelingt mit Hilfe dieser Spielform auch sehr gut. So kann sie zu Beginn einer Veranstaltung eingesetzt werden, bei der es um den Umgang mit Lasten und Schuld geht. Man stellt Personen dar, die eine Last tragen, einer nimmt dieses Gepäck ab, einer trägt es für den anderen, der Nächste setzt sich darauf, einer beachtet es nicht.

Sicher finden Sie selbst jede Menge Einsatzmöglichkeiten des Schattenspiels.

Standbilder

Eine weitere gut zu nutzende Art des darstellenden Spiels sind Standbilder. Sie zeichnen sich ebenfalls durch eine Reduzierung auf das Wesentliche aus.

Standbilder sind „eingefrorene" Szenen. In der Theaterpädagogik wird dies als „Freeze" bezeichnet. Auf diese Weise kann man Standbilder üben: Mehrere Personen bewegen sich im Raum zur Musik, wenn die Musik stoppt, dann friert die Bewegung ein.

Das Besondere an Standbildern ist, dass die Personengruppe Kontakt zueinander hat. Das kann durch den Blick, die Körperposition oder den Körperkontakt geschehen. Ein Standbild sollte möglichst drei Ebenen haben: Auf dem Boden (liegend, sitzend), mittelhoch (kniend, etwas erhöht sitzend) und hoch stehend, gehend – wohlgemerkt alles in einer Starre. Eine Abfolge von Standbildern wird vorgetragen, indem die Darsteller das Bild in aller Ruhe stellen, darin verharren und dann sehr ruhig zum nächsten Standbild übergehen.

Da die Personengruppe eine Einheit darstellt, ist es wichtig, dass jeder Kleidung in der gleichen Farbe trägt (schwarz oder dunkelblau). Unter Umständen kann eine Person durch weißes Outfit hervorgehoben werden.

Standbilder lassen sich unterschiedlich einsetzen. So können Gleichnisse und Wundergeschichten der Bibel verbildlicht werden. Auch alttestamentliche Text z. B. Prediger (Kohelet) 3,1-8, lassen sich auf diese Weise gut umsetzen.

Oft empfiehlt es sich, einen Text zu den Standbildern vorzulesen, das ist meist eine biblische Passage.

Besonders einprägsam waren für uns Darstellungen von Ausschnitten aus den Psalmen, die sowohl von Jugendlichen als auch von Kindern vorgetragen wurden.

Dazu haben wir im Hintergrund eine sehr ruhige Melodie eingespielt.

Folgende Psalmen, bzw. Verse aus diesen, sind gut geeignet für die genannte Darstellungsmethode: Psalm 18, 23, 30, 31, 91, 121 und 139.

Deutlich eingeprägt hat sich mir eine Darbietung zu Psalm 139. Hier waren Kinder und Erwachsene beteiligt. Zu Vers 15: Ich war dir nicht verborgen, als ich im Dunkeln Gestalt annahm … entwickelte die Gruppe folgendes Bild:

Im Vordergrund, eng zusammengekauert, konnte man ein Kind sehen, dahinter – die Hände nach oben, die Körperhaltung halb hoch – einen Teenager, und im Hintergrund stand ein Erwachsener ebenfalls mit erhobenen Armen. Die beiden anderen Gruppenmitglieder richteten ihren Blick auf diese Personen und lenkten damit auch die Konzentration auf das Bild, das sehr deutlich die Entwicklung des Menschen zeigte.

Die Standbilder wurden gewöhnlich unter Anleitung von den Darstellern selbst entwickelt. Eine Person sollte von außen beobachten und auf den Ausdruck des Standbildes achten. So sind der Gesichtsausdruck und die Blickrichtung aller Darsteller sehr wichtig. Ein Lachen an falscher Stelle kann die Wirkung des Bildes zerstören.

Beginn in dieser
Neutralstellung:

„Ich hebe
meine Augen
auf zu den
Bergen.
Woher
kommt mir
Hilfe?"

„Meine Hilfe kommt
vom Herrn …"

29

„... der Himmel und Erde
gemacht hat."

„Er wird deinen
Fuß nicht gleiten
lassen, und der
dich behütet,
schläft nicht.
Siehe, der Hüter
Israels schläft
und schlummert
nicht."

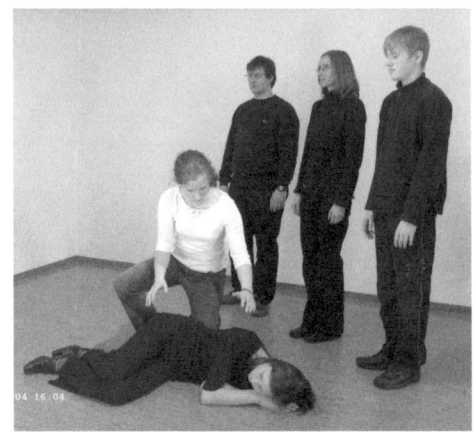

„Der Herr behütet dich;
der Herr ist dein
Schatten über deiner
rechten Hand, ..."

„dass dich des Tages die Sonne nicht steche
noch der Mond des Nachts."

„Der Herr behüte dich vor allem Übel, …"

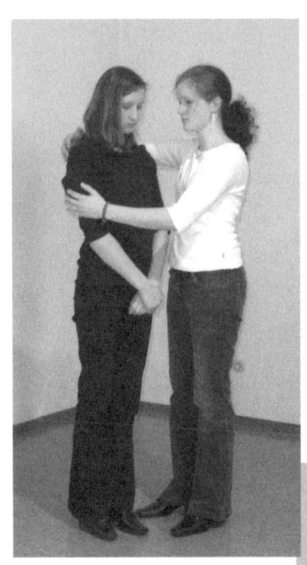

„…. er behüte deine Seele."

„Der Herr behüte
deinen Ausgang …"

„… und Eingang …"

„… von nun an bis in Ewigkeit!“

Weitere darstellende Formen können in Familiengottesdiensten einge-setzt werden, die ich hier nicht ausführlich vorstelle. Das sind u. a. der Ausdruckstanz, der Bänder- und der Tüchertanz, das Gebärden- oder das Körpergebet, wie auch das Schwarzlichttheater, das aber technisch aufwändiger ist und einen Raum benötigt, der ganz abzudunkeln ist.

7. BILDER

Bilder sind Veranschaulichungen, Gedächtnisstützen und Interpre-tationshilfen.

Wo Worte nicht mehr greifen, geht manchmal ein Bild tiefer. Es ver-mittelt eine Aussage, und wir müssen keinen Satz dazu verlieren. Christ-liche Künstler wie Kees de Kort, Andreas Felger und Sieger Köder, um nur einige zu nennen, übermitteln mit ihren Bildern eine Botschaft. Manchmal springt sie uns direkt an, manchmal müssen wir uns Zeit nehmen, über das Bild nachzudenken.

Kinder haben eine wunderbare Gabe, in Bilder einzusteigen und das Wesentliche zu erkennen. Zum Einstieg in ein Thema dürfen Kinder durch das Mikrofon Vermutungen zu einem Bild äußern. Es ist oft über-raschend, was die Kleinen dort entdecken und wie sie uns mit ihren Gedanken verblüffen.

Bilder können natürlich auch eine Geschichte illustrieren oder den Predigtgedanken untermalen.

Während man die Bilder, die uns ein Theaterstück vor Augen stellt, nur in Gedanken mit nach Hause nehmen kann, ist es möglich, den Gottesdienstbesuchern Bilder auf Postkarten oder Kopien selbst gezeichneter Bilder mitzugeben. Wer sie in seiner Wohnung aufhängt, wird noch lange an einen wichtigen Aspekt der Predigt erinnert.

Die oben erwähnte Geschichte vom kleinen Riesen war Thema eines unserer Gottesdienste. Zum Schluss erhielt jeder Gottesdienstbesucher ein Bild des Vogels, auf dem die Worte standen: Einfach nur so geliebt.

Eine alte Lehrerin bat mich um weitere Bilder. Sie sagte zu mir: Ich schreibe immer noch meinen Kolleginnen aus meiner Dienstzeit, jetzt werde ich jeder ein Bild von dem kleinen Vogel schicken und ihnen von unserem Gottesdienst berichten.

Eine Mitarbeiterin fragte nach einem Bild, das eine künstlerisch begabte Frau aus unserer Gemeinde zur Geschichte von Petrus im Gefängnis gemalt hatte. Dieses Bild zeigt Petrus, wie er durch die Tür seiner Zelle in die Freiheit geht, begleitet von einem Engel.

„Dieses Aquarell werde ich einem kleinen Mädchen zusenden, das nur noch etwa zwei Jahre zu leben hat, es soll wissen, dass es durch die letzte Tür nicht allein gehen muss."

Was kann der Gottesdienstbesucher mitnehmen?

Gerne geben wir konkret etwas mit auf den Weg – Gedächtnisstützen, die nicht so schnell verschwinden.

Das können Bilder, Karten mit einem guten Wort oder auch ein Gegenstand zur Erinnerung an den Kern der Andacht sein.

Sie werden buchstäblich mit nach Hause genommen. Wer mag, kann die Erinnerung an eine gut sichtbare Stelle heften oder legen, das kann auch im Büro sein, und man erhält so immer wieder einen Anstoß, über den Inhalt des Gottesdienstes nachzudenken.

Manchmal bietet es sich an, die Zuhörer etwas Persönliches aufschreiben zu lassen, etwa einen Entschluss, den sie gefasst haben, oder ein Erlebnis, für das sie Gott danken wollen. Schon dass dies in eigene Worte gefasst wird, hilft oft, sich eines Inhaltes zu vergewissern oder eine Entscheidung durchzuziehen. Die geschriebenen Sätze lassen sich aber auch zu Hause als Erinnerungszettel an der Pinwand anbringen.

Das „Mitnehmen" kann aber auch übertragen gemeint sein. Die oben genannten Elemente haben mit Erfahrungen und Bildern zu tun, die hoffentlich länger im Gedächtnis bleiben. Die Andacht und jeder Beitrag im Gottesdienst leben aber davon, dass Gott sie benutzt, Menschen aufmerksam werden zu lassen auf ihn.

Wir wissen nicht, was die Menschen bewegt, für die wir die gottesdienstliche Feier vorbereiten. Manchmal haben wir eine bestimmte Person im Blick, wenn wir etwas planen, und dann stellen wir fest, dass ganz andere Zuhörer angesprochen sind.

So bleibt uns die Hoffnung und das Vertrauen, dass Gott unsere Ideen für die Besucher übersetzt und durch sie etwas auslöst, das für die Umsetzung des Glaubens im Alltag Bedeutung hat.

Und wenn es bei uns noch keine Familiengottesdienste gibt?

Mehrere Jahre habe ich die Familiengottesdienste allein vorbereitet. Bei der Durchführung waren immer viele große und kleine Mitarbeiter beteiligt. Aber die Last der Planung lag auf meinen Schultern.

Vor einiger Zeit haben wir ein Team gebildet, das die Gottesdienste plant und für die verschiedenen Bereiche verantwortlich ist.

Es bereitet uns große Freude, kreativ und engagiert zu arbeiten, und keiner hat zu viel zu tun. Für mich ist die gemeinsame Planung eine Entlastung, und die Nachbereitung der Veranstaltungen bringt mehr, wenn sie miteinander geschieht.

Hier sehe ich die beste Möglichkeit: Beginnen Sie mit einem Team. Suchen Sie Persönlichkeiten, die bereit sind, sich für diesen Arbeitsbereich einzusetzen. Das können Eltern sein oder einfach nur Gemeindeglieder, die die große Chance sehen, Menschen durch Familiengottesdienste zu gewinnen, die Mut zum Miteinander von Alt und Jung haben. Beten Sie gemeinsam darum, dass Gott Ihnen zeigt, was Ihre Gemeinde braucht.

Ihre Gemeinde ist nicht groß? Dann beginnen Sie mit einer weiteren Person.

Sprechen Sie aber auch mit der Gemeindeleitung über Ihre Idee und Ihren Wunsch. Bitten Sie um die Möglichkeit, einen altersgemischten Gottesdienst durchzuführen.

Und dann gehen Sie mutig an die Planung.

Beteiligen Sie so viele Menschen wie möglich an der Durchführung. Denken Sie bei allem an Ihre Gemeinde: Was ist für sie angemessen, welche Formen werden akzeptiert?

Haben Sie aber auch den Mut, Ungewöhnliches zu wagen. Nach der ersten Feier eines Familiengottesdienstes treffen Sie sich zur Reflexion.

Was ist gut gelaufen, welche Talente haben wir entdeckt, was können wir besser machen? Gab es Kritik (die gibt es öfter, aber das ist okay), war sie berechtigt, oder nicht?

Die folgenden Seiten enthalten viele Vorschläge und Anregungen. Wenn Sie nicht das Passende für Ihre Gemeinde finden oder nun motiviert sind, etwas ganz Eigenes zu versuchen, dann können Sie gut die folgende Arbeitsvorlage benutzen, nach der wir unsere Gottesdienste planen.

Die Perfektionismusfalle

Im Blick auf die Moderation habe ich schon davon gesprochen, dass wir uns auch Fehler erlauben dürfen. Wenn Sie die Planungen unserer Gottesdienste sehen, werden Sie vielleicht denken, dass diese glatt und ohne Patzer ablaufen.

Das ist natürlich nicht so: Der Beamer funktioniert nicht, die CD läuft nicht, obwohl das Lied total wichtig ist, der Anfang des Anbetungsliedes muss wiederholt werden, und Informationen oder die Kollektenansage werden vergessen.

Warum macht uns das manchmal so zu schaffen?

Wir sind als Christen darauf geimpft, das Beste für Jesus zu geben. Das ist auch richtig so, bedeutet aber nicht, dass wir fehlerlos sein müssen.

Wenn wir perfekt sein wollen, dann brauchen wir Gott nicht, dann kann er uns nicht beschenken. Erst wenn wir mit seiner Hilfe über unsere Schwächen hinausgehen können, dann erkennen und erleben wir, wie abhängig wir von ihm sind.

Perfektionismus lässt nicht zu, dass Menschen, die eine Sache nicht so gut können wie wir selbst, zum Einsatz kommen.

Doch ein Team ist ein Miteinander, wir fördern Menschen nur, wenn wir ihnen erlauben, Fehler zu machen. Ich spreche nicht von Dilettantismus. Üben für eine Aufführung und für den Liedervortrag ist immer ein Muss. Wir sollten uns nicht damit zufrieden geben, eben vor dem Gottesdienst die Geschichte durchzulesen, auch sie sollte geübt werden.

Aber wenn wir alles gut vorbereitet haben, dürfen Patzer geschehen. Wenn ein Teenager sein Instrument noch nicht sehr lange spielt, darf er trotzdem mitmachen. Er spielt so gut, wie es seinem Lernstand entspricht, und wird darin bestätigt und auch angeleitet. Und gerade, wenn es nicht so gut geklappt hat, gilt es, ein nächstes Mal ins Auge zu fassen.

So schaffen wir eine Atmosphäre, die Verständnis für Lücken erkennen lässt und zeigt, dass wir alle noch Lernende sind. Nur so haben neue Mitarbeiter den Mut, auch mit ihren Begabungen und Schwächen aufzutreten.

Welche positiven Reaktionen können Fehler auslösen? Ja, Sie haben richtig gelesen. Für uns in Deutschland sind Fehler oft eine Katastrophe, in anderen Ländern weiß man, dass sie der Weg zu einer neuen Lösung sind.

So lernen wir gemeinsam aus ihnen, nehmen sie nicht so tragisch und unterstützen denjenigen, dem ein Missgeschick unterlaufen ist. So schließt sich das Team enger zusammen.

Wenn wir die Bereitschaft mitbringen, auch Unvollkommenes zuzulassen, dann haben wir größeren Mut, ungewöhnliche Wege zu gehen, die auch einmal Irrwege sein können.

Das wird unsere Kreativität anspornen.

Ein regelmäßiger Besucher unserer Veranstaltungen verdeutlichte mit folgenden Worten, warum er gerne in unsere Gemeinde kommt: „Bei euch ist es nicht zu perfekt, das ist menschlicher und hat mich sehr angesprochen."

Arbeitsvorlage zur Vorbereitung von Familiengottesdiensten

1. Was soll im Mittelpunkt des Gottesdienstes stehen? (Roter Faden)
   - Thema
   - Geschichte
   - Bibeltext
   - Lied

2. Zielgedanke:
Elemente zur Vertiefung des Zielgedankens:
   - Lieder (Bewegungslieder, neue Lieder, alte Lieder ...)
   - Darstellendes Spiel/Schattentheater/ ...
   - Symbolspiel
   - Tanz/Ausdruckstanz
   - Standbilder
   - Bilder
   - Geschichte
   - Experiment (Gegenstandslektion/Veranschaulichung)

3. Wie kann die Gemeinde Antwort auf das Gehörte geben?
   - Bewegung im Gottesdienst
   - Interaktives
   - Was nimmt der Einzelne mit?

4. Wer wird eingebunden in das Programm?
   - Kinder
   - Jugendliche
   - Erwachsene

5. Dekoration

6. Gemeinsames Mittagessen?

7. Wer übernimmt was?
- Schreiben des Programms
- Andacht
- Moderation
- Einstudieren von Liedern, Tänzen oder Theaterstücken
- Vorlesen einer Geschichte/Bibeltext u. a.
- Vorbereitung der Dekoration
- Beamer (Powerpoint), wenn möglich
- Ansprechen derer, die am Gottesdienst beteiligt werden sollen
- Organisation für das Mittagessen

8. Programmablauf

Mit meinem Gott kann ich über Mauern springen

- **Bibeltext:** Psalm 18,26-35
- **Zielgedanke:** Mauern fordern uns heraus, können aber mit Gottes Hilfe überwunden werden.
- **Dekoration:** In einer Ecke der Bühne sind leere Schuhkartons, die auf einem großen Haufen liegen, in der Mitte der Bühne Schuhkartons, die so gestapelt wurden, dass man den Anfang einer Mauer erkennt.

1. Einstimmung in den Gottesdienst

Bilder mit verschiedenen Mauern werden gezeigt: Befestigungsmauern, Mauern einer Burganlage, die Berliner Mauer, Sichtschutz und Lärmschutzmauern an der Autobahn, Mauern eines Hauses, Gartenmäuerchen (dazu wird eine Melodie eingespielt)

2. Begrüssung, Thema, Infos und Gebet

Moderation: Wie wir gerade gesehen haben, gibt es viele Mauern in unserer Umwelt. Da sind Mauern, die der Abwehr eines Feindes dienten, solche, die vor Lärm schützen und Sicherheit geben. Andere Mauern grenzen ab, und von manchen wissen wir überhaupt nicht, warum sie da sind. Viele Mauern sind Hindernisse auf einem direkten Weg oder Grenzzäune – wie die Berliner Mauer –, die für die meisten unüberwindlich sind.

Der Gottesdienst befasst sich mit Mauern, die in unserem Leben zu Blockaden werden können oder schon sind.

„Mit dir, mein Gott, kann ich über Mauern springen", so formuliert der König David in Psalm 18. Stimmt das? Und kennen wir solche Mauern in unserem Leben?

3. Lesung
Psalm 18,26-35

4. ANBETUNGSLIEDER
„Lobpreis und Ehre" (Feiert Jesus 2, Nr. 7)
„Du bist gut, Herr" (Feiert Jesus 1, Nr. 109)

5. BEWEGUNGSEINHEIT

Moderation: Auf der Bühne befindet sich nur ein kleiner Mauerteil, die Mauer ist noch nicht fertig. Sie kann viele Namen haben, und einige der Namen sind schon auf den Mauersteinen zu lesen. *(Er liest vor):* „Ich schaffe das nicht, ich kann so etwas sowieso nicht, Angst vor der Mathearbeit, Schüchternheit …"
Wir wollen diese Mauern, die es in jedem Leben gibt, benennen, und es wäre schön, wenn Sie uns dabei helfen würden.
Hier liegen Stifte, und ich möchte Sie bitten, dass Sie auf die Steine schreiben, welche Mauern Sie im Leben von Menschen schon beobachtet haben. Dinge, die zu schwer erscheinen, Begebenheiten, von denen man glaubt, dass sie nicht zu bewältigen sind. Das kann, wie erwähnt, die Klassenarbeit sein, oder auch Zwischenmenschliches wie Eifersucht …
Stehen Sie auf, kommen Sie nach vorne und beschriften Sie diese Steine. Wir werden dann zusammen mit den Kindern die Mauer weiterbauen, damit uns bewusst ist, dass es wirklich viele Barrieren gibt, die uns zu schaffen machen. Kommen Sie ruhig gleichzeitig, wir lesen später dann vor, was geschrieben wurde.
(Vielleicht ist es in Ihrer Gemeinde eher schwer, die Menschen zu bewegen, nach vorne zu kommen, dann besteht auch die Möglichkeit, dass die Besucher ihre Einfälle laut nennen und der Moderator oder Helfer es auf die Schuhkartons schreibt.
Die Mauer sollte recht hoch werden, und evtl. werden auch unbeschriebene Kartons benutzt, damit sie die richtige Höhe hat. Gerne werden Kinder helfen, die Mauer zu bauen.)

6. ANSPIEL

Stimme hinter den Kartons *(mit Mikro übertragen):* Mann, ist die Mauer hoch, das ist ja unglaublich! Bestimmt schafft es niemand, sie zu überwinden. Ich würde ja gerne, aber ich sehe schon, das geht nicht. Zu

dumm, sie stört doch sehr. Ich kann gar nicht sehen, was hinter der Mauer ist. Sie ist ein echtes Hindernis. Gerne würde ich zu denen auf der anderen Seite gelangen, nun muss ich mich aber allein abquälen, und niemand ist da, der mir hilft. Na gut, dann bleibe ich eben hier hocken und schaue mir diese Steine an … wirklich schön sind sie ja nicht. Was steht auf ihnen? Angst, Einsamkeit, der andere … hm, nein, schön ist sie wirklich nicht, diese Mauer, und so überflüssig. Aber was man nicht ändern kann, muss man wohl hinnehmen.
Moderation: Muss man das wirklich? Wir werden sehen. Ich habe Tim gebeten, mir zu helfen. Tim, komm doch bitte einmal nach vorn!

7. BEISPIELHANDLUNG

(Vor dem Gottesdienst wurde ein Kind gefragt, ob es für ein Experiment zur Verfügung steht. Folgender Dialog entwickelt sich.)

Moderation: Tim, ich möchte dich fragen, ob du über diese Mauer springen kannst.

Tim: Nein, das geht doch nicht, sie ist viel zu hoch.

Moderation: Stell dir vor, du müsstest unbedingt über die Mauer kommen.

Tim: Ich bin aber nicht groß genug, ich kann das nicht schaffen.

Moderation: Hast du eine Idee, wie es trotzdem möglich wäre, dass du dieses Hindernis überwindest?

(Es kann sein, dass das Kind jetzt vorschlägt, eine Leiter zu holen, oder andere Ideen entwickelt, hier hat der Moderator die Aufgabe, Gründe zu nennen, warum das nicht gehen kann – es wäre zu aufwändig, jetzt eine Leiter zu holen …)

Während unseres Gottesdienstes nahm das Gespräch die erhoffte Wendung:

Tim: Ich könnte jemanden fragen, ob er mich drüberhebt.

Moderation: Fällt dir jemand ein, der dir so helfen könnte?

Tim: Ja, mein Papa und der Paul könnten das.

(Natürlich wird das Kind dann von diesen vertrauten Personen über die Schuhkartonmauer gehoben.)

Moderation: Sehr schön hat Tim zusammen mit seinem Vater und Paul gezeigt, dass es möglich ist, über hohe Mauern zu gelangen.

8. Bewegungslied
„Mein Gott ist so groß, so stark" (Du bist Herr – Kids, Nr. 150)

9. Andacht
David, von dessen Worten unser Thema abgeleitet wurde, war ja nicht nur König und Dichter vieler Psalmen, er war auch ein erfolgreicher Feldherr. In so manchem Feldzug stand er vor einer scheinbar uneinnehmbaren Festung des Feindes.

Die Städte waren durch massive Festungsmauern besonders geschützt. Solch eine Mauer konnte eine Breite von zehn Metern haben, sodass die Einwohner der Stadt sogar mit Wagen auf der Mauer entlangfahren konnten.

Nun gelang es David, trotz solcher Befestigungsmauern Städte einzunehmen, und er erinnert sich daran und bekennt: „Mit meinem Gott kann ich über Mauern springen."

1. Die Mauer hat einen Namen
Mauern können einmauern, abschließen und isolieren.

Unser Leben kann von diesen Mauern umgeben sein. Mauern, die uns innerlich abschotten. Das sind Hindernisse, die uns im Weg stehen, die uns einmauern, die unser Leben so sehr begrenzen. Welchen Namen trägt deine Mauer?

Ich kenne solche Mauern aus eigener Erfahrung. Eine innere Mauer trug den Namen: „Das kann ich sowieso nicht." Und diese Mauer hat so oft mein Leben verbaut.

Die Namen für innere Mauern, die Sie gefunden haben, heißen: …
(Prediger liest einzelne Mauersteine vor)
Da gibt es also die Begrenzungen, die unser Leben blockieren, die uns einengen und isolieren. Kennen Sie solche Mauern?
Die Mauer hat einen Namen. Welchen hat Ihre Mauer?

2. Die Mauer ist eine Herausforderung
Da steht sie nun, diese Mauer in unserem Leben, und was machen wir mit ihr?
Mauern, die uns isolieren und einengen, werden zur Herausforderung.
Wer überwindet die Mauer meiner inneren Unsicherheit?

Wer überwindet die Mauer meiner Einsamkeit?
Wer überwindet die Mauer meiner Unruhe?
Wer überwindet die Mauer meiner Angst vor einer schwierigen Prüfung?
Mauern stellt auch der Feind Gottes in unser Leben:
Mauern der Lüge und des schlechten Redens über andere.
Mauern des Unglaubens und des Zweifels.
Mauern der Gleichgültigkeit und der Verzweiflung.
Mauern der Trennung und des Streites.
Mauern, die nicht schützen, sondern trennen.
Mauern, die nicht bewahren, sondern isolieren.
Mauern, die nicht Geborgenheit bieten, sondern ersticken.
Wer überwindet die Mauern, die der Feind in unser Leben stellt?
Wer kann die Mauer durchbrechen?
So wie bei Tim scheint es unmöglich, diese Mauern zu überwinden.
Sie sind zu hoch, wir sind zu klein, unsere Kraft und unser ganzer Einsatz scheinen nicht zu reichen.

3. Die Mauer ist nicht unüberwindlich
„Mit meinem Gott kann ich über Mauern springen!"
Was gehört dazu? Zum Sprung über die Mauer?
„Nicht militärische Stärke, sondern allein der Glaube Israels war es, der die Mauern Jerichos einstürzen ließ" (Hebr. 11,30a).
Wir erinnern uns: Jericho, eine Stadt des Feindes, befestigte Mauern, kein Reinkommen.
„In Jericho hatte man aus Angst vor den Israeliten sämtliche Tore fest verriegelt. Niemand kam mehr heraus oder hinein" (Jos 6,1).
Die Israeliten waren ein Nomadenvolk. Da war nichts mit Mauerbrechern, Steinschleudern und Rammböcken. Ein Fußvolk vor einem Bollwerk – was jetzt?
• Rückzug?
• Flucht?
• Aufgeben?
• Löcher in die Wände bohren?
• Zuschauen und warten bis der Zahn der Zeit die Mauer zum Einsturz bringt?

Nein, denn Gott hatte schon einen Plan, wie diese Mauer zum Einsturz gebracht werden konnte. Das Volk sollte, auf Gottes Befehl hin, sechs Tage um die Mauer ziehen, Posaunen blasen, und am siebten Tag würde die Stadtmauer einfallen.

Das war eine ungewöhnliche Eroberungstaktik, aber sie überforderte das Volk nicht und forderte gleichzeitig den Glauben heraus. Und als das Volk gehorchte, fiel die Mauer ein und Israel konnte Jericho einnehmen. Wenn Mauern uns bedrohen und der Feind seine Hand mit im Spiel hat, dann ist der Glaube gefragt! Aber wir können ganz getrost sein: Gott hat schon einen Plan. Sein großer Plan zur Überwindung der feindlichen Mauern begann, als er Jesus in unsere Welt sandte.

Er hat am Kreuz sein Leben dafür eingesetzt, dass unsere Mauern überwunden werden können.

Er wurde durch Gottes Kraft vom Tod auferweckt, damit er seine Kraft an unseren Mauern beweisen kann.

Jesus ist Sieger und lebt, und er hat die Macht, unsere Mauern zu bezwingen.

Glaubst du das? Glaubst du, dass Jesus auch deine Mauer kennt – die, die blockiert? Glaubst du, dass er dir helfen will, sie zu überwinden?

Glaubst du, dass er auch die Mauern des Feindes kennt, die unser Dasein so beeinflussen, und dass Jesus auch diese Mauern zum Einsturz bringen kann?

Manchmal müssen wir uns in Geduld üben, manchmal auch länger als sechs Tage, wie das Volk Israel vor Jericho. Manchmal denken wir, alles, was wir nun wagen in Gottes Auftrag, ist vergeblich, aber lasst uns nicht aufgeben! Das Gebet kann so ein geduldiges Ziehen um feindliche Befestigungen sein und bringt so manche Mauer zum Einsturz!

„Mit meinem Gott kann ich über Mauern springen!" Was kann das für uns persönlich bedeuten?

■ Die Mauer ins Auge fassen

Welchen Namen trägt sie? Ist es eine gute Mauer, die mir Schutz und Geborgenheit gibt, ist es eine Mauer, die mich isoliert, oder ist es gar eine Mauer des Feindes? Welchen Namen trägt die Mauer, die in meinem Leben steht?

- **Gottes Namen anrufen und auf seine Hilfe bauen**

Wenn ich mich ganz fest entschlossen habe, dass diese Mauer mich in meinem Leben nicht mehr behindern soll, dann muss ich mich an den Mauerüberwinder wenden. „Mit meinem Gott kann ich über Mauern springen." So wie Tim seinen Vater beauftragt hat, ihm über die Mauer zu helfen, darf ich meinen himmlischen Vater bitten, dieses Hindernis in meinem Leben zu überwinden.

Ist Gott mächtig genug, mir über die Mauer zu helfen? Ja, er ist es. Keine Mauer ist für ihn zu hoch und zu groß. Er kann mir über die Mauer helfen.

- **Versuche, eine Mauer zu überwinden, können scheitern**

Jetzt habe ich's probiert und bin wieder gescheitert. Ich habe es schon wieder nicht geschafft. Aber warum sollte ich eigentlich nicht neu anfangen und es erneut im Glauben versuchen?

- **Auf der anderen Seite aufkommen**

Wenn ich nur die Mauer sehe, dann fühle ich mich eingemauert. Wenn ich nur meine vergeblichen Versuche sehe, dann bleibe ich beim Scheitern. Mit Gott über Mauern springen, das bedeutet, auf der anderen Seite anzukommen, ihm ganz viel zuzutrauen und im Glauben an ihn weiterzugehen. Es heißt, nicht stehen zu bleiben, nicht zu resignieren, sondern mit Gottes Kraft zu rechnen.

10. VERTIEFUNG (BILDEINSATZ)

Während jetzt ein Lied eingespielt wird (z. B. das Lied: „Mein Gott" von der CD „ If I had wings", Kawohl-Verlag), teilen Kinder Karten aus. Sie zeigen das Bild von Sieger Köder mit dem Titel „Mit meinem Gott überspringe ich Mauern". (Schwabenverlag)

Nicht eine Mauer, gleich drei werden überwunden. Die leuchtende Laterne, die beim Sprung hilft und dem Stab eines Hochsprungathleten gleicht, erinnert an Gott, das Licht unseres Lebens. Bitte nehmen Sie sich Zeit, das Bild zu betrachten. Es ist Gott, mit dem Ihre und meine Grenzen besiegt werden können.

Anschließend werde ich ein Gebet sprechen, während dessen jeder im Stillen Gott seine Mauer nennen kann, die er überwinden möchte.

11. Gebet

„Vater im Himmel, ich habe meine Lebensmauern erkannt. Sie begrenzen mich, und ich möchte von ihnen befreit werden. Sie sind schon so lange in meinem Leben und sie heißen: ... (*Zeit geben, damit jeder seine Mauern nennen kann*). Es soll nicht mehr so bleiben, wie es ist. Deine Kraft will ich in Anspruch nehmen, sie zu überwinden. Ich vertraue darauf, dass du stärker bist als meine Grenzen, dass du größer bist als meine Schuld und meine Selbstzweifel. Auf dich will ich meine Hoffnung neu setzen und all mein Vertrauen nur auf deine Stärke legen. Sei mein Mauerüberwinder. Das bitte ich in Jesu Namen, Amen."

12. Lied

„Neue Schritte wagen" (Feiert Jesus 2, Nr. 202)

12. Verabschiedung und Segen

Moderation: Die Karte, die jeder erhalten hat, darf als Erinnerung an diesen Gottesdienst mitgenommen werden. Es wäre schön, wenn das Bild von Sieger Köder uns in der nächsten Zeit begleitet und an den erinnert, der uns hilft, die eben genannten Mauern zu überwinden und mit ihm immer neue Schritte und Sprünge über unsere Grenzen zu gehen.
Wir wollen uns nun zum Segen erheben.

■ ■ ■

Material

- ■ Schuhkartons (Fragen Sie rechtzeitig in den verschiedenen Schuhgeschäften nach)
- ■ CD mit einem Lied, das die Größe Gottes preist
- ■ Postkarte mit dem Bild des Malers Sieger Köder: Mit meinem Gott überspringe ich Mauern (möglichst für jeden Gottesdienstbesucher eine)

Gott schützt

- **Bibeltext:** Psalm 91, besonders die Verse 1-4 und 12-13
- **Zielgedanke:** Gott will dein persönlicher Schutz sein.
- **Dekoration:** Eine Burg, die auf der Bühne aus bemalten Schuhkartons aufgebaut wird, Regenschirme, große Sonnenschirme

1. EINSTIMMUNG IN DEN GOTTESDIENST

Bilder von Burgen, Schirmen, gefährlichen Tieren, Scherben, einer engen Schlucht usw. werden mit Musik untermalt und gezeigt.

2. BEGRÜSSUNG, THEMA, INFOS UND GEBET

Moderation: Es wird erklärt, dass die Bilder z. T. aus einem Psalm stammen, der beschreibt, wie gut Gott Menschen, die ihm vertrauen, schützt. Der Moderator macht deutlich, dass Gottes Schutz bereits auf dem Weg zum Gottesdienst wirksam war. Wer heute im Saal (Kirche) sitzt, wurde unterwegs von Gott bewahrt.

3. ANBETUNGSLIEDER

„Der Herr hat seinen Engeln befohlen" (Feiert Jesus 1, Nr. 240)
„Lobe den Herren alle, die ihn ehren" (Gemeinschaftsliederbuch, Nr. 638; EG, Nr. 447)
„Du bist mein Zufluchtsort" (Feiert Jesus 1, Nr. 188)

4. LESUNG

Psalm 91

5. SPIEL VON KINDERN UND JUGENDLICHEN

Zwei Gruppen von Personen stehen sich auf der Bühne gegenüber, jede Person hat einen Schirm in der Hand. Nacheinander gehen die Darsteller los, jeder geht bis zum anderen Ende, dreht sich um und läuft wieder zur gegenüberliegenden Seite. Eine Person hat ein Kind an der Hand, ein anderer geht geschäftig mit der Aktentasche über die Bühne, wieder andere schlendern und betrachten die Auslagen im Schaufenster. Es entsteht dadurch das Bild einer geschäftigen Einkaufszone. Nach einer Weile des Laufens entwickeln sich Gespräche und Kurzszenen: Ein Mann verteilt Werbeprospekte, zwei Frauen begegnen sich, eine berichtet vom Besuch beim Friseur, eine Person war vor kurzem sehr krank und hofft, dass sie sich nicht schon wieder erkältet, jemand isst Pommes frites.

Mit einer Handtrommel werden Regengeräusche gemacht, indem man mit den Fingerspitzen leicht auf die Haut der Trommel klopft. Sie werden langsam lauter und schneller.

Plötzlich haben es alle eilig. Während sich die Leute immer schneller bewegen, machen sie deutlich, warum sie nicht nass werden dürfen:

- „Meine schöne neue Frisur wird ruiniert!"
- „Ich will nicht wieder krank werden!"
- „Oh Mann, meine Pommes werden ungenießbar!"
- „Meine schönen Prospekte werden ja ganz nass!"

Die Regenschirme werden aber nicht benutzt: Dem einen gelingt es nicht, den Schirm zu öffnen. Der nächste läuft neben dem aufgespannten Schirm, wieder einer öffnet ihn erst gar nicht und hält ihn verschlossen über sich.

Ein Trommelwirbel lässt die Menschen einfrieren und die Statuen erstarren. *(Hierdurch soll noch einmal besonders deutlich werden, dass keiner seinen Schirm zum Schutz gegen den Regen gebrauchen konnte.)*

Moderation: Ganz schön dumm, diese Leute. Sie haben Angst, dass sie nass werden, aber ihren Regenschirm haben sie nicht genutzt.

So dumm bin ich nicht, ich habe mir einen Regenschirm mitgebracht, und wenn es regnen sollte, dann werde ich ihn aufspannen, damit ich nicht nass werde und er mich schützt.

(Er/Sie öffnet einen vorher präparierten Schirm, der zerfetzt ist und bei einem Regenguss keinen Schutz bieten würde.)

Oh, nein, das ist ja auch kein Schirm, auf den ich mich verlassen kann. Da muss ich mir glatt einen anderen besorgen.

Pastor hält einen farbenfrohen Schirm aufgeklappt über sich.

1. Gott schützt wie ein Schirm vor Gefahren, die von oben kommen

Wisst ihr, dass ich ganz froh bin, dass es einen Schutzschirm gibt, auf den man sich hundertprozentig verlassen kann? Ich meine nicht diesen hier, den kann schon ein kräftiger Wind zerstören.

Der Schirm, den ich meine, ist Gottes Schirm. Psalm 91 erzählt von diesem Schutzschirm. Gott will wie ein großer Schirm über deinem Leben sein.

Wenn trübe und traurige Tage kommen, wenn es schlechte Noten hagelt oder Donnerwetter zu Hause ist, wenn es an deinem Arbeitsplatz nicht klappt und das Gespräch mit deinem Chef wie ein drohendes Gewitter über dir steht, auch wenn du etwas falsch gemacht hast, dann, gerade dann, will Gott dein Schirm sein. Einer, bei dem du gut aufgehoben und beschützt bist.

Leider haben viele Menschen vergessen, dass es so einen zuverlässigen Schirm gibt. Sie glauben nicht, dass man Gott wie einen Schirm in seinem Leben dabei haben kann. Sie stellen sich nicht unter diesen Schirm. Sie wissen vielleicht auch nicht, dass man mit dem Vater im Himmel wie mit einem Freund reden kann. Gerade dann, wenn vieles nicht so klappt, wie man es sich eigentlich gedacht hat.

Aber so wie ein Schirm nur schützt, wenn man ihn aufgespannt hat und ihn mit der Hand über sich hält, wird man Gottes Hilfe nur erfahren, wenn man eine Verbindung zu ihm hat; so wie ich jetzt durch den Stock des Schirmes eine Verbindung zum Schirm über mir habe. Diese Verbindung ist Gottes Sohn, Jesus Christus. Durch ihn kann ich frei mit Gott reden, wie ein Kind mit seinem Vater.

Gottes Schutz ist ein Rundumschutz: Er will uns vor Gefahren schützen, die von oben kommen könnten. Ein Schirm schützt vor Regen, Hagel und auch vor zu viel Sonne.

2. Gott schützt vor Gefahren von unten

Gottes Schutz gibt es auch gegen Gefahren, die von unten kommen können. Psalm 91 spricht davon, dass man sogar über Schlangen gehen kann, wenn Gott uns beschützt. Schlangen kommen ja von unten. Nun kann ich schlecht eine Schlange mitbringen und ausprobieren, ob Gott mich vor ihrem Biss beschützt, wenn ich auf sie trete.

Stattdessen sind mir Scherben in den Sinn gekommen. Wer schon einmal auf eine Scherbe getreten ist, weiß, wie weh das tun kann, Scherben können ganz schön gefährlich sein.

Wir alle träumen davon, ohne Scherben durchs Leben zu gehen, aber Scherben gibt es in jedem Leben.

Wie sieht Gottes Schutz aus?

Am liebsten hättest du es, dass nichts Schlimmes passiert: dass du nicht krank wirst, keine Freundschaft oder Beziehung zerbricht, kein Unglück passiert ... Das ist aber nicht, was Gott verspricht, er sagt nicht, so etwas wird nie in deinem Leben geschehen. Es gibt Einsamkeit, zerbrochenes Porzellan, schwierige Beziehungen, Not und Leid. Und Gott sagt: „Wenn du dich auf mich verlässt, dann kann auch etwas geschehen, was dir nicht so gefällt. Aber so, wie man Scherben behandeln kann, dass sie niemanden verletzen, behandele ich alles, was in deinem Leben geschieht, sodass es dir nicht schaden darf. Du wirst daraus lernen und wissen, ich bin in jeder Lage bei dir, wenn du mir vertraust."

3. Gott schützt wie eine Burg vor allem, was von der Seite kommt
Hinter der Burg (Deko aus Karton) *sitzt ein Jugendlicher als Ritter verkleidet. Er macht sich bemerkbar und wird vom Pastor angesprochen:*

Pastor: Da hat sich wohl jemand eingeschlichen. Hallo, sag mal, als Ritter erlebt man sicher viel, erzähl uns doch mal von deinem letzten Abenteuer.

Ritter: Du erinnerst mich an einen Augenblick, den ich nicht so schnell vergessen werde. Ich war auf der Jagd und bin, ohne dass ich es gemerkt habe, auf feindliches Gebiet gelangt. Noch ganz auf meine Beute, einen stattlichen Hirsch konzentriert, merkte ich nicht, dass sich meine Feinde langsam an mich herangeschlichen hatten.

Zum Glück trat einer auf ein Aststück. Ich sah auf, entdeckte meine Gegner und gab Fersengeld. Meine Burg war gar nicht weit entfernt, und nach einem anstrengenden Lauf war ich heilfroh, nur noch einige Meter weit entfernt das Burgtor zu sehen. Meine Burg und damit meine Sicherheit waren in greifbarer Nähe. Ich konnte sehr schnell hineinlaufen und atmete erleichtert auf.

Pastor: Du sprichst immer von deiner Burg.

Ritter: In eine fremde Burg wäre ich gar nicht hineingekommen. Aber auf unsere Parole hin haben meine Leute das Burgtor zu meiner Burg geöffnet und mich hineingelassen.

(Eventuell Test: „Schützt die Burg wirklich?" Ein Pfeil mit Gummispitze wird auf die Mauern geworfen, der Ritter dahinter bleibt unversehrt.)

Pastor: Gott wird in dem Psalm, von dem ich euch erzählt habe, nicht nur ein Schirm genannt. Der Dichter des Liedes nennt ihn auch „seine Burg". Toll, dass Gott auch wie eine Burg ist. Eine Burg mit ganz dicken Mauern.

Da können böse Pfeile fliegen: Da gibt es Menschen, die schlecht über mich reden, mir mein Leben schwer machen, Schulkameraden, die mich mobben und nicht zulassen wollen, dass ich mich wohl fühle. Es gibt den Pfeil der Ausgeschlossenheit, wenn ich wieder nicht eingeladen werde, oder einfach in der Gemeinde keine Rolle spiele und für alle unwichtig bin.

Ja, es fliegen oft böse Pfeile, manchmal hörst du, wie sie sausen, aber du kannst sagen: „Gott, sei du meine Burg, schütze mich, dass diese Pfeile mir nicht weh tun können, dass sie mich nicht so verletzen, dass ich nicht mehr froh werde, weil jemand so etwas zu mir oder über mich gesagt hat."

Erinnert ihr euch, was der Ritter zu mir gesagt hat?

„Es ist *meine* Burg, und auf *unsere* Parole hin wurde ich hineingelassen." Wisst ihr, was eine Parole ist? Ein geheimes Wort! Auf dem Weg zu Gott gibt es auch eine Parole: *J – E – S – U – S (Hier kann man die Kinder motivieren, die Buchstaben und damit die Parole mitzusprechen.)* Damit Gottes Burg auch meine Burg wird und nicht irgendeine Burg, brauche ich Jesus. Er ist die Parole, mit der ich in die Gottesburg komme.

Gott hat sich das so ausgedacht, dass man nur über das Lösungswort „Jesus" zu ihm kommen kann.

Wenn du Jesus bittest, in dein Leben zu kommen, dann kommst du gleichzeitig in Gottes Burg an. Gott wird alles, was dir begegnet, was dir geschieht, so lenken, dass du von ihm geschützt und geborgen bleibst. Er nimmt die Bedrohung nicht weg – Sorgen, Krankheit, die dunkle Nacht, vor der du Angst hast, die Einsamkeit des Alters oder auch das Versagen in wichtigen Momenten –, aber er will dafür sorgen, dass du stark genug bist, es zu überstehen, und dass du daraus lernst.

7. GEMEINSAMES LIED

„Wer auf Gott vertraut" (Gemeinschaftsliederbuch, Nr. 491; Ich will dir danken, Nr. 436)

8. VERABSCHIEDUNG UND SEGEN

Moderator: Der Herr sei ein Schutzschirm über dir – er bewahre dich in dunklen und traurigen Tagen.

Er sei deine Burg – er schütze dich vor Menschen, die dir Böses wollen, und vor allem Übel, das dich von ihm wegbringen will.

Er stärke dich, dass du ihm immer fester vertraust, wenn Menschen oder Gewalten dich angreifen wollen.

Gott, der Herr, halte dich bei sich, wenn Not und Leid in dein Leben kommen sollten.

Er lenke deinen Fuß auf gute Wege und stärke dein Vertrauen auf ihn.

Der Herr sei dein Schutz in jeder Lage, er segne dich heute und an jedem Tag. Amen.

■ ■ ■

MATERIAL

- Viele, viele Schuhkartons (werden von Schuhgeschäften gerne abgegeben)
- Ritterverkleidung (auch selbst hergestellt)
- Schirme (davon einer zerfetzt)
- Aktentasche
- Prospekte
- Evtl. Verkleidungen
- Pommes frites
- Handtrommel

Kennt auch dich und hat dich lieb

- **Bibeltext:** Psalm 139
- **Zielgedanke:** Gott kennt jeden Menschen mit Namen, bei ihm können wir ein Zuhause haben.
- **Dekoration:** Vier Plakate mit großen Händen wurden im Raum verteilt, ein Bogen Papier (Tapete) mit den farbigen Unterschriften der Kinder aus dem Kindergottesdienst wird an der Frontseite des Saales aufgehängt.

1. INSTRUMENTALSTÜCK
(z. B. vierhändig am Klavier Elternteil mit Kind)

2. BEGRÜSSUNG, THEMA, INFOS UND GEBET
Der Moderator begrüßt die Gäste, indem er einzelne Namen nennt und deutlich macht, wie gut es ist, dass jeder unter seinem Namen bekannt ist. Er weist auf die Schriftzüge der Kinder hin und betont, wie schön es ist, dass diese Kinder die Gemeinde besuchen und dass wir wissen, wie sie heißen.

3. ANBETUNGSLIEDER
„Einfach spitze, dass du da bist" (Du bist Herr – Kids, Nr. 33)
„Er hält die ganze Welt in seiner Hand" (Du bist Herr – Kids, Nr. 38; EG, Nr. 619)
„Steht auf und lobt unsern Gott" (Du bist Herr 2, Nr. 231; Ich will dir danken, Nr. 78)
(Ein Team aus Kindern und Erwachsenen begleitet das Singen. Jugendliche übernehmen die Begleitung der Lieder durch Instrumente.)

4. STANDBILDER ZU PSALM 139
Ausgewählt werden Verse, die sich leicht darstellen lassen. Das können folgende Verse sein: 1-6, 13-16, 23-24.
Nicht jeder Vers wird einzeln verbildlicht, manches wird gelesen, während ein Standbild für den vorherigen Satz stehen bleibt.

(Informationen zu Standbildern und ihrer Entstehung bzw. wie sie erarbeitet werden, befinden sich im Theorieteil.)

5. LIED
„Die Herrlichkeit des Herrn" als Kanon (Gemeinschaftsliederbuch, Nr. 266; Ich will dir danken, Nr. 73)

6. GESCHICHTE – DAS NAMENLOSE KANINCHEN
(Ein Vater kann diese Geschichte lesen, auf die die Andacht Bezug nimmt: Mit einer Tierhandpuppe kann der Text des Kaninchens gesprochen werden.)

Das Kaninchen hat etwas ganz Spannendes erlebt. Es wird euch am besten selbst davon erzählen:

Plötzlich war es ganz dunkel um mich herum. Ich lag unbequem, und mein Rücken tat mir sehr weh. Irgendetwas war geschehen, und ich wusste nicht so recht, was es war. *Wenn ich meine Augen geschlossen halte,* so dachte ich, *wird mir schon nichts geschehen.*

Dann hörte ich Stimmen über mir: „Puh, das sah aber gefährlich aus. Ob es noch lebt? Es hat sich bestimmt weh getan."

Vorsichtig öffnete ich ein Auge und schloss es schnell wieder, denn Licht brannte in den Augen. Es wäre bestimmt besser, wenn ich mir mit dem Augenöffnen noch ein wenig Zeit lassen würde.

Wieder klangen Sätze an mein Ohr: „Es hat sich bewegt. Hat jemand es schon mal hier gesehen? Wir müssen seine Familie benachrichtigen."

Jetzt musste ich die Augen öffnen, sprachen die etwa über mich?

Ich blickte in fremde Gesichter, die bestimmt drei lange Kaninchensprünge entfernt über mir zu sehen waren. Jetzt konnte ich auch erkennen, wo ich mich befand: in einer Art Erdhöhle.

„Hallo, ich bin Fred." Das größte Kaninchen lächelte mir zu: „Du hast aber einen gewaltigen Sturz gedreht. Hoffentlich hast du dir nichts gebrochen."

Nachdem ich vorsichtig jede Pfote bewegt und mich langsam vom Rücken in meine Normallage gedreht hatte, atmete ich erleichtert auf. Hier und da zwickte es zwar, aber es schien doch alles in Ordnung zu sein.

„Na, klasse", meinte Fred, „dann helfen wir dir mal hoch. Toni, komm, wir schieben den Ast hinunter, und dann kann der Fremde daran hochklettern."

Zunächst etwas mühsam, dann aber doch wieder recht geschickt konnte ich aus dem Loch herauskraxeln.

„Das ist ja noch mal gut gegangen." Toni schaute mich von oben bis unten an.

„Na du, wie heißt du eigentlich?"

Ich holte Luft und wollte den beiden netten jungen Kaninchen meinen Namen sagen, aber, du wirst es nicht glauben, er fiel mir einfach nicht ein.

„Äh, ich kann mich nicht daran erinnern."

„Was, du weißt nicht, wie du heißt?"

Ich grübelte, überlegte, zählte bis zehn und überlegte wieder, nein, mein Name wollte mir einfach nicht in den Sinn kommen.

„Nimm es nicht so tragisch", versuchte Fred mich zu beruhigen, „das ist bestimmt der Schock. Wir können dich ja erst einmal ‚Na du' nennen."

„Na du", was für ein dummer Name, so kann ja jeder heißen. Schmollend setzte ich mich in eine Ecke, weit von den anderen entfernt, und versuchte, mich zu erinnern.

Wie furchtbar ist es, wenn man seinen Namen nicht kennt, durch den Namen ist man etwas Besonderes. Dein Name unterscheidet dich von den anderen.

Behutsam schlich sich ein Kaninchenmädchen an mich heran: „Na du!"

„Ich heiße nicht ‚Na du'", knurrte ich.

„Mann, ich will dir doch nur helfen, ich bin Tina und habe eine Idee. Pass auf: Vielleicht fällt dir ja ein, wo du wohnst, dann laufen wir gemeinsam dort hin. Wenn wir jemanden finden, der dich kennt, dann kann er uns doch deinen Namen nennen!"

Jetzt ging es mir noch schlechter, denn tatsächlich wusste ich auch nicht mehr, wo ich herkam. Dabei gab es bestimmt Freunde und eine Familie, die auf mich wartete, für die ich ein besonderes Kaninchen war und kein „Na du".

Aber wenn man nicht weiß, wie man heißt, dann hat man auch kein Zuhause.

Ich fühlte mich schrecklich allein, als namenloses „Na du".

Die aufmunternden Blicke der anderen halfen mir nicht: Wer nicht weiß, wie er heißt und wer sein Zuhause nicht kennt, ist ein Niemand. Dicke Tränen liefen mir über mein Kaninchengesicht.

„Kasimir, puh, da bist du ja, wir haben uns schreckliche Sorgen um dich gemacht!"

Ein ganz zerzaustes graues Wollknäuel hoppelte auf mich zu und stupste mich mit seinem feuchten Näschen an.

„Meinst du mich?", stotterte ich.

„Natürlich, wen denn sonst, oder siehst du hier noch ein anderes Kaninchen, das Kasimir heißt? Jetzt aber auf nach Hause, damit Mutter sich beruhigen kann, es gibt was Leckeres zu knabbern."

„Ja, schnell nach Hause in den Eichenwald!", erinnerte ich mich plötzlich.

„Tschüss, Kasimir", riefen mir meine neuen Freunde nach.

7. LIED

„Weißt du, wie viel Sternlein stehen?" (Gemeinschaftsliederbuch, Nr. 619; EG, Nr. 511)

8. ANDACHT UND GEBET

1. Wenn du weißt, wie du heißt, weißt du auch, wer du bist!

Das Kaninchen hatte ja ganz schön Stress mit seinem Namen. Ich habe ein mittelmäßiges Namensgedächtnis, aber mein eigener Name ist mir immer noch eingefallen. Allerdings bin auch noch nicht metertief in ein dunkles Erdloch gefallen.

Unser Name gehört zu uns! „Na du" kann jeder heißen. Wir sind kein „Na du".

Wir haben einen Namen. Du und ich sind unverwechselbare Persönlichkeiten.

Ich bin ... *(Kinder dürfen ihre Namen ins Mikrofon sagen)* ...

Weil du deinen Namen kennst, kennst du auch deine Geschichte, deine Familie, dein zuhause, die Straße, in der du wohnst, die Freunde, die du hast.

Wie gut, dass du weißt, wie du heißt. Wie gut, dass du weißt, wer du bist. Aber weißt du auch, wer du in Gottes Augen bist?

Im Psalm haben wir gehört und gesehen: „Du hast mich gebildet im

Mutterleib." Das heißt, du bist von Gott geschaffen! Ein Gedanke Gottes! Von ihm hast du dein Leben geschenkt bekommen, und du bist von Gott geliebt.

Johannes schreibt in einem Brief: „Gottes Liebe zu uns ist für alle sichtbar geworden, als er seinen einzigen Sohn in die Welt sandte, damit wir durch Christus ein neues und ewiges Leben bekommen. Das Einzigartige an dieser Liebe ist: Nicht wir haben Gott geliebt, sondern er hat uns seine Liebe geschenkt" (1. Johannes 4,9-10).

Es ist gut, wenn du weißt, wer du bist, und es ist noch besser, wenn du weißt, dass du so, wie du bist, von Gott gewollt bist und dass dir seine ganze Liebe gilt.

2. Wer weiß, wie du heißt, für den bist du wichtig!

Deine Eltern kennen deinen Namen – du bist wichtig für sie! Deine Freunde kennen deinen Namen – du bist wichtig für sie! Deine Klassenkameraden kennen deinen Namen, deine Arbeitskollegen kennen deinen Namen, deine Kommilitonen kennen deinen Namen, du gehörst zu ihnen! Wenn du fehlst, fehlt ihnen eine wichtige Person. Das hat das Kaninchen ganz schnell begriffen: „Na du" kann man zu jedem sagen. Ich bin doch ein ganz besonderes Kaninchen. Ich bin kein „Na du". Wie furchtbar ist es, wenn man seinen Namen nicht kennt, durch den Namen ist man etwas Besonderes. Dein Name unterscheidet dich von den anderen.

Gott kennt nicht nur unsere Namen, er spricht uns auch persönlich an. Das ist sein Prinzip. Das hat er schon immer so gemacht. Als der erste Mensch schuldig wurde und sich vor Gott verstecke, rief Gott ihn mit Namen: „Adam, wo bist du?"

Als Elia völlig verzweifelt war und dachte, alles wäre zu Ende, da rief Gott ihn: „Was machst du hier, Elia?"

Als Hagar auf der Flucht war und in der Wüste zu sterben drohte, rief Gott durch einen Engel: „Hagar, wo kommst du her und wo willst du hin?"

Gott kennt deinen und meinen Namen. Wenn wir uns am liebsten verstecken wollen, weil wir schuldig wurden, dann ruft er: „Wo bist du?" Wenn wir nicht mehr weiter wissen und verzweifelt sind, dann fragt er, was wir mit unserer Verzweiflung machen und ob wir ihm die Chance geben, uns zu helfen.

Wenn wir meinen, wir sind verloren, dann fragt er: „Wo willst du hin?", um uns zu zeigen, dass er immer noch einen Weg für uns hat.

Aber am allerliebsten ruft Gott uns zu sich in seine Gegenwart, denn dort finden wir alle das, was wir zum Leben brauchen.

Darum hat Jesus Menschen persönlich zu sich gerufen, mit ihren Namen, und hat zu jedem Einzelnen gesagt: „Komm und folge mir nach!" Und bei Jesus haben sie das Heil ihres Lebens gefunden!

3. Wer deinen Namen kennt und dich wirklich liebt, bei dem bist du zu Hause

Das Kaninchen war ganz verzweifelt. Es wusste nicht mehr, wo es hingehörte. Keinen Namen und kein Zuhause zu haben, das ist schlimm. Aber schließlich ging ja alles gut aus – für das Kaninchen Kasimir aus dem Eichenwald.

(Frage an die Kinder: Wer kann erzählen, warum die Geschichte ein gutes Ende gefunden hat?)

Es ist gut, wenn wir hier ein Zuhause haben, wo man uns gut kennt – mit unserem Namen – und uns lieb hat. Es ist noch besser für uns, wenn wir bei Gott ein Zuhause haben, weil Gott uns noch besser kennt und uns noch mehr liebt, als es je ein Mensch tun könnte.

Und wie bekommen wir ein Zuhause bei Gott? Indem wir ihm vertrauen, unser Leben ihm schenken.

Zum Beispiel mit diesem Gebet: „Lieber Herr Jesus Christus, ab heute sollst du nicht nur meinen Namen kennen, sondern ab heute soll mein ganzes Leben dir gehören!"

Und wenn du dich Gott so anvertraust, dann wird dein Name bei Gott ins Buch des Lebens eingetragen und alle, die dort eingetragen sind, haben bei Gott auch in Ewigkeit ein Zuhause. Darauf kannst du dich ganz fest verlassen.

9. SYMBOLHANDLUNG

Kinder und Erwachsene haben die Gelegenheit, ihre Namen in die Plakate mit den Händen einzutragen, die im Gottesdienstsaal aushängen. Währenddessen wird die Musik eingespielt, die bereits die Standbilder untermalt hat.

Moderation: In Gottes Vaterhänden sind unsere Namen gut aufgehoben. Wer mag, hat jetzt die Möglichkeit, seinen Namen in die Hände an den Wänden einzutragen, als Zeichen dafür, dass er sich den Händen Gottes anvertraut hat, oder es heute ganz neu tun möchte.

10. Segen (mit dem Bewegungslied)

„Vom Anfang bis zum Ende" (Du bist Herr – Kids, Nr. 194)

11. Verabschiedung

Moderation: Es ist gut, wenn wir Gott im Gebet die Namen anderer Menschen nennen. Heute möchten wir Ihnen die Namen der Kinder unserer Gemeinde ans Herz legen. Wer eine Gebetspatenschaft für ein Kind übernehmen möchte, kann am Ausgang einen Namenszettel ziehen und regelmäßig für dieses Kind beten.

Vielleicht kommen Sie auch ins Gespräch mit ihm oder seinen Eltern und fragen nach, wofür sie besonders beten können.

Ich wünsche allen eine gute und gesegnete Woche und dass jeder sich in den nächsten Tagen von Herzen darüber freuen kann, dass sein Name bei Gott bekannt ist.

■　■　■

Material

- ■ Dicke Stifte
- ■ Namenszettel der Gemeindekinder mit Informationen über die Kinder (z.B. Alter, Hobbys, Zugehörigkeit zu den Gruppen in der Gemeinde)
- ■ Handpuppe Kaninchen
- ■ CD mit ruhiger Musik (Panflöte/Instrumentalmusik)
- ■ Auf vier Tapetenbahnen gezeichnete große Hände
- ■ Stifte
- ■ Musikvorschlag für die Standbilder: CD „I believe" von John Gerighty, Melodien zum Aufatmen, 2001, Brunnen, Lied Nr.12.

„Kleines wird groß"
Gottesdienst im Frühjahr

■ **Zielgedanke:** Gott beginnt oft ganz klein, er sorgt dafür, dass der Same, den er in unser Herz legt, wächst und groß wird.

1. LIEDVORSPIEL

„Kleines wird groß" (aus CD Kläxparade, Gerth Medien)
Die Einspielung des Liedes stellt das Thema vor und stimmt gleichzeitig auf den Gottesdienst ein. Es beschreibt kindgemäß Beobachtungen aus der Natur und die Entwicklung vom Embryo im Mutterleib zum Kind. Anknüpfend an das Lied kann das Thema aufgegriffen werden.

2. BEGRÜSSUNG UND GEBET

Moderation: Es ist spannend und erstaunlich, dass in der Schöpfung alles klein beginnt. In unserem Gottesdienst werden wir von Kleinem hören, das ganz groß und wichtig wird.
(Schön ist es, wenn ein älteres Gemeindemitglied das Gebet für den Gottesdienst übernimmt.)

3. LIEDER UND LESUNG

Lied: „Gott mag Kinder, große und kleine" von Daniel Kallauch (Du bist Herr – Kids, Nr. 58)
Lesung: Markus 4,26-29
Lied: „Er hält die ganze Welt in seiner Hand " (Du bist Herr – Kids, Nr. 38; EG, Nr. 619)
(Bei dem gemeinsamen Lied „Gott hält die ganze Welt in seiner Hand" kann man mit den Kindern zusammen selbst Strophen suchen, in denen jeweils kleine und große Dinge benannt werden: Er hält die Steinchen und die Felsen in seiner Hand, er hält die Bäche und die Flüsse in seiner Hand, und natürlich: Er hält die Großen und die Kleinen in seiner Hand.)
Lesung: Markus 4,30-32

(Für die Textlesungen nach der „Hoffnung für alle" kann man zwei größere Kinder oder Jugendliche fragen.)

4. BEWEGUNGSGESCHICHTE – KLEINE SAMENKÖRNER

Die Kinder werden nach vorn bzw. auf die Bühne gebeten. Der Moderator hält ein Glas mit Samenkörnern (besonders kleine) hoch und lässt die Kinder raten, was sich im Gefäß befindet.

Moderation: Da kann man gar nicht glauben, dass daraus einmal … werden.

Nun dürft ihr selbst kleine Samenkörner sein. Dafür müsst ihr euch ganz klein machen. So wie die Saat in der Geschichte wächst, könnt ihr immer größer werden und nachspielen, was ich vorlese.

(Kinder auf der Bühne spielen Samen nach, dazu wird Musik von einer CD eingespielt.)

Die Kinder setzen sich in der Hocke hin, nehmen die Anregungen der Bewegungsgeschichte auf. Sie regen sich und werden größer, bis sie zuletzt mit ausgebreiteten Armen auf der Bühne stehen.

(Die ausgewählte Musik sollte leise beginnen und immer lauter werden.)

Kleine Samenkörner

Es war Winter geworden, und die kleinen Samenkörner lagen klein und zusammengezogen in der Erde und zitterten, aber nur ein bisschen. Noch war es dunkel, und die Körner warteten sehnsüchtig auf die Sonne, die die harte Erde auftauen sollte …

Da, die ersten warmen Sonnenstrahlen drangen durch den kalten Boden, und die Samenkörner regten sich ein wenig. Nun konnten sie etwas Wasser aufnehmen und wurden breiter und immer dicker.

Die Erde um sie herum wurde wärmer und einladender.

Deshalb wagte sich ein vorwitziger Spross aus dem Samen heraus. Die Sonne lockte und lockte, und der Spross nahm alle Kraft zusammen und reckte sich dem warmen Licht entgegen.

Nun machte es ihm Spaß zu wachsen: Er entfaltete ein winziges Blättchen, dann wuchs aus ihm schon eine kleine Pflanze. Die Pflanze wurde größer und größer.

Sie sah schon aus wie ein kleiner Busch und streckte sich weiter der

Sonne entgegen. Sie wuchs und wuchs und wuchs und stand in ihrer ganzen Größe und Schönheit da. Kaum zu fassen, dass sie einmal so winzig gewesen war. *(Die Bewegungsgeschichte wird sehr langsam und mit Pausen gelesen, damit die Kinder Zeit haben, auf den Text zu reagieren.)*

5. GESCHICHTE – DAS SAMENKORN

Das Samenkorn

Auf der Wiese nahe der großen Stadt stand eine wunderschöne rote Blume.

Sie leuchtete so, dass sie schon von weitem zu sehen war. Viele Insekten freuten sich an ihrem Duft.

Doch dann kam der Herbst. Zuerst war es nur ein Blütenblatt, das sanft zur Erde fiel, dann aber, als der Wind kräftiger wurde, sah die Blume bald ganz zerrupft aus. Schließlich hielt sich nur noch ein zerzaustes rotes Blättchen fest, das aber auch mit der nächsten Böe ausgerissen wurde.

„Jetzt sind wir dran", riefen da die Samenkörner, die sich eng aneinander-gekuschelt hatten. Und siehe da, ein heftiger Windstoß, und die Körner kullerten durcheinander, übereinander und purzelten nach unten.

Einige der Körner fielen in den Wiesenbach und wurden mit dem Wasser weggespült. Die anderen landeten auf einem Fußballplatz. Viele Stollenschuhe liefen über sie weg, traten sie und stießen sie, sodass sie bald keine Kraft zum Keimen mehr hatten.

Ein besonders kleines Samenkorn wurde zusammen mit seinen Geschwistern auf den Asphalt der nahen Straße getragen.

Schnell rollte es in eine kleine Kuhle am Straßenrand und duckte sich rasch sehr tief hinein. Die anderen Körner wurden von den Autos ganz platt gefahren.

Da lag es nun, das kleine Samenkorn und überlegte, wie es wohl in gute Erde gelangen könnte, wo das seine großen und kräftigen Geschwister schon nicht geschafft hatten.

Ein schwarzer Vogel flog über die Straße, er stieß einen überraschten Schrei aus, wendete im Flug, schoss auf die Vertiefung in der Straße zu und stieß hinab.

Er pickte rasch die Reste der überfahrenen Körner auf, das winzige Samenkorn aber übersah er.

Timo ist ein aufmerksamer Junge, er findet alles, was man gebrauchen kann.

Er hat Spüraugen, und nichts entgeht ihm.

Heute ist er wieder unterwegs, er hüpft über den Bordstein: einmal ganz genau auf ihn, einmal mit beiden Beinen neben ihn.

Aber was ist das denn, glitzert da nicht ein Schatz in dem kleinen Loch neben dem Bürgersteig? „Schade, es ist bloß ein Stück Alufolie." Enttäuscht will der Junge sich abwenden, da hält er inne. „Ja, da ist doch noch etwas anderes zu sehen: Etwas ganz Kleines hat sich da versteckt."

Es ist so winzig, dass selbst Timo es fast übersehen hätte: ein minikleines Samenkörnchen.

Timo holt die alte Streichholzschachtel aus seiner Hosentasche, die er gerade neben dem Abfalleimer aufgehoben hat. Behutsam bettet er den Winzling hinein.

Woher kommt er wohl?

Zu Hause rätselt die ganze Familie, was wohl aus dem Samenkorn werden wird:

Ein Grashalm, ein kleines Veilchen, oder etwa eine Walderdbeere?

Schließlich nimmt Timo seinen Fund und vergräbt ihn in seinem eigenen kleinen Gärtchen. Das müsst ihr nämlich wissen: Timo ist nicht nur ein guter Finder, er ist auch ein begeisterter Gärtner.

So wird es Winter. Schnee bedeckt Timos Beet.

Dann kommt der Frühling. Der Junge hat sein Samenkorn schon fast vergessen, da entdeckt er in seinem Gärtchen eine fremde, kleine Pflanze.

„Bist du etwa mein winziges Samenkorn? Da werde ich mich jetzt aber um dich kümmern."

So versorgt er den Spross mit Dünger und genügend Wasser, ja er schützt ihn sogar vor zu viel Sonne, indem er seinen Regenschirm holt und der Pflanze dadurch Schatten spendet.

Und der Sprössling wird größer und größer und größer.

Die Pflanze wächst ganz erstaunlich, sie überragt zunächst die Radieschen, dann die Kohlpflanzen und zuletzt sogar die stachelige Rose.

Schließlich ist sie so groß, dass sie fast an Timos Kinderzimmerfenster reicht, aber nur fast.

Dann öffnet die Blume ihre Knospen und zeigt ihre ganze Schönheit.

Die Nachbarn kommen und staunen: Timo, wo hast du denn diese wunderbare Blume her, bei welchem Gärtner kann man sie kaufen? Wie ist sie denn so groß geworden?

Timo schmunzelt: Eigentlich war es nur ein kleines Samenkorn, und es ist einfach so gewachsen.

6. LIED

„Bist du groß oder bist du klein" von Daniel Kallauch (Du bist Herr – Kids, Nr. 7)

7. KURZANDACHT

Das war ja ziemlich spannend, die Geschichte mit dem kleinen Samenkorn. Weil es so klein war, dachte es wohl, dass es nicht überleben könnte. Viele seiner Geschwister überstanden die Gefahren nicht.

Wer kann mir sagen, warum aus ihnen keine schöne Blume wurde? (Kinder zählen auf: sie fielen in den Bach, wurden auf dem Fußballfeld zertreten, von Autos überfahren, und die Reste wurden von dem Vogel aufgepickt.)

Doch unser Samen übersteht alle Hindernisse und gelangt auch noch in gute Erde.

Sagt mir doch kurz, wie das geschehen ist. (Timo findet das Samenkörnchen und vergräbt es in seinem Beet.)

Und dann wird eine große Blume aus ihm, sie leuchtet weit, sodass die Nachbarn kommen und staunen. Die rote Blume blüht für sie und die Vögel, für die Bienen und die Schmetterlinge.

Und wieder kommt der Herbst, und erneut wird an der Blume gerüttelt und geschüttelt, und auch die große rote Blume verteilt ihren Samen in alle Welt, und die Geschichte beginnt von vorne mit neuem Samen und Leben aus der roten Blume.

1. Gott will ein Samenkorn in dein Leben legen

Wie kam es, dass aus dem Samenkorn eine Pflanze werden konnte? Timo hat es in fruchtbare Erde gelegt.

Wir haben einen Text aus der Bibel gehört, da geht es ebenfalls um ein kleines Korn: Ein Senfkorn. Jesus vergleicht dieses Senfkorn mit dem Reich Gottes. Genau wie unsere Blume beginnt es ganz klein und wird immer größer, und es verbreitet sich überall.

Und dieses Reich Gottes will in uns beginnen.

Gott hat viele Gelegenheiten, dieses Reich in uns anzufangen. Wen hat er gebraucht, um das Körnchen des Glaubens in dein Leben zu legen? Deine Eltern, oder Großeltern, eine Tante, einen Jungscharleiter oder Jugendreferenten? Vielleicht war es eine Schulkameradin oder ein Kollege, der dir etwas vom Glauben weitergesagt hat. Und nun liegt dieses Samenkörnchen in deinem Leben und will wachsen.

Es ist da und will einen großen Raum einnehmen. Hast du schon einmal „danke" gesagt für die Menschen, denen du so wichtig warst, dass sie dir von dem Vater im Himmel und von Jesus erzählt haben? Von Jesus, der dir dieses neue Leben geschenkt hat oder noch schenken will?

Hast du „danke" gesagt, dass in deinem Herzen fruchtbarer Boden ist, der den Samen keimen und aufgehen lässt?

Wenn du an Jesus glaubst und zu ihm betest, dann wächst und blüht auch heute Gottes Leben in dir. Es ist eine große Ehre, dass Gott dich und mich für würdig hält, das Samenkorn des Glaubens in unserem Leben zu haben.

Jesus hat einmal gesagt: „Ich aber bringe allen, die zu mir gehören, das Leben – und dies im Überfluss" (Joh 10,10).

Das heißt: Jesus lässt alle, die an ihn glauben, an Gottes Reichtum teilhaben.

Wenn Gottes Samenkorn in dein Leben gelegt wurde, kommst du aus dem Staunen über Gott nicht heraus.

2. Gott sorgt dafür, dass das Samenkorn wächst und gedeiht

Timo war ja ein sorgfältiger und guter Gärtner. Wie sorgte er für das kleine Pflänzchen? (Kinder: Er hat es begossen, gedüngt und durch seinen Schirm geschützt.) Ja, wenn ein Samenkorn keimen und später zu einer großen Blume heranwachsen soll, dann muss es umsorgt werden. Vielleicht hat Timo manchmal Angst gehabt und sich gefragt, ob die kleine Pflanze den Platzregen oder die Frühjahrsstürme übersteht. Bei manchem Unwetter mit Hagel und Schnee im April mag er gedacht haben, dass der kleine Spross dieses Wetter nicht überlebt.

Aber siehe da, selbst die heiße Sonne im Sommer konnte der Blume nichts anhaben.

Hast du manchmal Angst davor, dass dein Glaubenspflänzchen nicht überlebt?

Glaubst du, es kommt darauf an, dass du nur tüchtig betest und Bibel liest?

Dies ist sicher ein guter Halt, wenn das Leben dich so richtig durchrüttelt, aber es liegt nicht an deinen Anstrengungen, sondern daran, dass Gott sich um deinen Glauben kümmert. Im Römerbrief schreibt Paulus: „Entscheidend ist also nicht, wie sehr sich jemand anstrengt und müht, sondern dass Gott sich über ihn erbarmt" (Röm 9,16).

Ist es nicht auch großartig, wie Jesus sich um den Glauben seines Freundes Petrus kümmert? Er macht ihm klar, dass er für ihn gebetet hat, damit dieser seinen Glauben nicht verliert.

Wie sorgt Gott für unseren Glauben? Er sorgt für die richtige Nahrung: sein Wort, mit dem er uns im Gottesdienst, Kindergottesdienst und Jugendkreis erreichen will.

Er stellt uns Menschen zur Seite, die uns sein Wort erklären und erzählen, was Gott in ihrem Leben getan hat, und die uns ehrlich sagen, welches Unkraut in unserm Leben wächst und entfernt werden sollte.

Er zeigt uns seine Liebe, die wie die Sonne unseren Alltag erwärmen will, durch Kleinigkeiten, die deutlich machen: Ich, dein himmlischer Vater, meine es gut mit dir.

Und weil sich Gott um unseren Glauben kümmert, kann dieser durch uns für andere leuchten und von Gottes Liebe erzählen. Dann werden die Nachbarn oder Freunde kommen und staunen.

8. VATERUNSER (ALS LIED)

„Unser Vater in dem Himmel" (Gemeinschaftsliederbuch, Nr. 278; EG, Nr. 188; Ich will dir danken, Nr. 3)

9. Verteilen der Samenkarten durch Kinder

Die Samenkarten sind Erinnerung und Anregung zugleich: Wenn die Blumen wachsen, dann wird der Inhalt des Gottesdienstes nochmals vor Augen gemalt.

10 . Lied

„Segne uns, o Herr" (Feiert Jesus 3, Nr. 240)

■ ■ ■

Material

- Samenkarten „Lass die Sonne in dein Herz" (evtl. von der Stiftung Marburger Medien)
- CD mit „Morgenstimmung" von Peer Gynt (Suite No. 1) als Hintergrund zur Bewegungsgeschichte
- CD „Kläxparade" (Gerth Medien)

Verloren, und doch gefunden
Ein Gottesdienst im Freien

- **Bibeltext:**   Lukas 15,8-10
- **Zielgedanke:**   Gott nimmt Verlorenes ganz wichtig

Vorüberlegung: Unsere Wahl fiel auf zwei Moderatorinnen, da die Geschichte von einer Frau handelt. Die Mitarbeiterinnen führen durch das Programm und spielen sich im Gespräch den Ball zu.

1. EINSTIMMUNG IN DEN GOTTESDIENST

Moderatorin 1: *(blickt sich immer wieder suchend um)*

Moderatorin 2: Sag mal ... Vermisst du was? Du bist wohl nicht so ganz bei der Sache!

M1: *(sieht sich weiter suchend um)* Ja ... weißt du, das ist ganz ärgerlich. Meine Großmutter hat mir ein wunderschönes Schmuckstück geschenkt. Es ist eine alte Münze, die zu einem Anhänger verarbeitet wurde. Diese Münze ist nicht nur wertvoll, ich hänge auch sehr an ihr. Sie ist eine Erinnerung an meine Oma.

M2: Ja, und was ist jetzt mit deinem Anhänger?

M1: Eben noch hing er hier an der Kette, und jetzt ist er nicht mehr da. *(Sie hält die Kette hoch.)*

M2: Du meinst, du hast das Schmuckstück verloren?

M1: Ich fürchte schon, und das wäre eine halbe Katastrophe. Es ist mir so furchtbar wichtig, und ich wäre sehr traurig, wenn ich meine Münze nicht mehr finden würde.

M2: Weißt du was, ich helfe dir suchen. Wann hast du den Anhänger denn zuletzt noch gesehen?

M1: *(ganz betrübt)* Ja, wenn ich das noch wüsste.

M2: Pass mal auf, ich werde jetzt mit dem Besen hier den ganzen Schmutz wegkehren, dann werden wir deinen Schatz schon noch finden. *(M2 kehrt kräftig und wirbelt dabei viel Staub auf.)*

M1: Hör auf, hier vorne ist er nicht. *(Sie wendet sich an die Zuhörer.)*

Aber vielleicht können Sie mir helfen, die Münze zu finden.
(Sie erklärt, welchen Weg sie genommen hat.)

Die Kinder und die Erwachsenen werden aufgefordert mitzusuchen. Eine große nicht zu schwer versteckte Münze am Rande des Platzes wird gefunden.

M1: Puh, welch ein Glück, dass ihr meinen Anhänger gefunden habt, da bin ich aber froh!

M2: Ja, und ich freue mich mit dir. Na, dann können wir ja mit dem Gottesdienst beginnen.

2. BEGRÜSSUNG UND THEMA

Die Moderatorinnen begrüßen alle Gäste und stellen sich gegenseitig vor.

M1: Ich hoffe, dass Sie gut zu unserem Open-Air-Gottesdienst *gefunden* haben.

M2: Hoffentlich haben Sie unterwegs nicht so häufig nach dem Weg suchen müssen. Wie gut, dass jeder von Ihnen unseren Treffpunkt *gefunden* hat.

M1: Wenn man etwas sucht, so wie ich heute, dann kann man schon verzweifeln. Gerade die Dinge im Alltag, die so wichtig sind, wie Schlüssel, Brille und auch Geldbeutel suchen wir manchmal vergeblich und werden dabei immer ungeduldiger.

M2: Ein Glück, dass sich die meisten Gegenstände wieder einfinden. Da sitzt die Brille auf der Nase, der Haustürschlüssel ist doch in der Jackentasche, und der Geldbeutel liegt auf dem Schränkchen und sagt keinen Ton.

M1: Wie Sie sicher schon vermuten, lautet das Thema unseres Gottesdienstes: Verloren – gefunden. Es gibt einige Lieder, die dieses Motiv aufnehmen. Wir wollen uns auch durch das Singen auf den Leitfaden unserer Veranstaltung einstellen.

3. Lieder und Lesung

Lied: „Du großer Gott" (Gemeinschaftsliederbuch, Nr. 610; Ich will dir danken, Nr. 6)

Lesung: Lukas 15,1-7 (Verlorenes Schaf)

Lied: „Gefunden" (Folgen, Nr. 13, Felsenfest Musikverlag)
Lied: „Kommt, atmet auf" (Gemeinschaftsliederbuch, Nr. 326)

M1: Jesus erzählt uns die Geschichte von einem verlorenen Geldstück und einer Frau, die ganz mühevoll und unermüdlich nach ihm sucht.
Dieses Gleichnis wird in einem Lied von M. Siebald nacherzählt, und ich möchte die Kinder bitten, die Bewegungen mitzumachen, die das Musikteam vorführt.

4. Bewegungslied

„Lied vom verlorenen Groschen" (Überall hat Gott seine Leute, S. 46, Hänssler Verlag)
Hinweis: Das Lied beschreibt die Suche der armen Witwe nach dem verlorenen Geldstück. Es fordert die Mitsänger auf, die Bewegungen, die sie dabei ausführt, nachzuahmen. Es endet mit dem Satz: Doch die große Freude bleibt, ja die Freude bleibt.

5. Andacht

(Der Prediger liest Lukas 15,8-10.)
Wenn die Münze erzählen könnte, was würde sie uns berichten?
„Ich bin verloren gegangen. – Ich habe meine Mitmünzen nicht mehr. – Ich bin in den Dreck gefallen. – Ich bin wichtig, sonst würde man nicht nach mir suchen. – Ich kann hier leicht übersehen werden. – Ich bin wertvoll. – Ich bin froh, dass jemand sich so viel Mühe gibt, mich zu finden."
Warum hat Jesus diese Geschichte erzählt?

1. Weil er will, dass wir uns eines merken: Jeder Mensch ist bei Gott wichtig
Wir teilen Menschen, die wir kennen, gern ein in:
• Verwandte oder Bekannte;
• Freunde oder Feinde;
• nette Menschen oder unsympathische;
• wichtige oder nicht so wichtige Leute.

Je nachdem, wie wir die Einteilung vorgenommen haben, widmen wir Menschen unsere Zeit, unser Mitgefühl, unser Engagement, unsere Freundschaft.

Bei Gott gibt es das nicht, keiner ist besonders angesehen, niemand wird eingeteilt in wichtig und unwichtig. Jeder Mensch ist ihm unendlich wertvoll, jeder ist in seinen Augen ein kostbarer Schatz.

Vielleicht gleichen wir der Geldmünze: teuer im Wert, aber verloren im Abfall der Zeit, beschmutzt durch Sünde und Schuld.

Aber Gott liebt uns trotzdem!

2. Weil Gott alles daransetzt, dass Menschen gerettet werden
Ja, gerade weil wir Menschen ohne ihn verloren sind und uns in unseren eigenen Wegen verlieren, gerade deshalb unternimmt er alles, um uns zu finden. Keine Anstrengung ist ihm zu mühevoll auf der Suche nach uns.

Du bist für Gott wichtig, dein Lehrer, dein Nachbar, die Verkäuferin beim Bäcker, der Briefträger, der Tankwart, der Staubsaugervertreter, der Politiker, der Straßenmusiker, das kleine Kind, die schwerkranken Patienten auf der Intensivstation: Jeder dieser Menschen ist kostbar in Gottes Augen. Und keiner ist ihm egal.

Für jeden ist Jesus gekommen, damit er das Leben findet, das sich lohnt, Vergebung, die befreit, Frieden, der uns Gelassenheit schenkt, die *eine* Hoffnung, die uns froh macht.

(Der Prediger liest Epheser 2,4-5.)

Gottes Liebe zu den Menschen ging so weit, dass er seinen Sohn geopfert hat für ihre Rettung. Er hat ihn am Kreuz sterben lassen. Weil er die Menschen so liebte, war ihm dieser Einsatz für seine Geschöpfe nicht zu schwer. Das Sterben seines Sohnes am Kreuz ist der suchende Blick des Vaters nach den Menschen. Gott hat das Wichtigste für die verlorenen Menschen investiert: Seinen geliebten Sohn – Jesus Christus.

Warum hat Jesus diese Geschichte noch erzählt?

(Frage an die Kinder): Was hat die Frau gemacht, als sie die Geldmünze wiedergefunden hat?

- Sie hat die Freundinnen und Nachbarinnen zusammengetrommelt.
- Sie hat sie eingeladen, sich mit ihr zu freuen.

Wir sagen manchmal: Geteiltes Leid ist halbes Leid. Wenn ich jemanden habe, dem ich sagen kann, was mich quält, der mir zuhört, dann wird meine Last leichter.

Wenn ich aber meine Freude mit anderen teile, dann vervielfältigt sie sich.

3. Weil wir uns mitfreuen sollen

Bei der Witwe ist Freude angesagt, weil Verlorenes wiedergefunden wurde.

Jeder Mensch, der zu Gott zurückfindet, der ihm glaubt und mit ihm leben möchte, löst ein Freudenfest im Himmel aus.

Darum ist hier geteilte Freude doppelte Freude. Wenn Gott sich freut, dann können wir nicht cool bleiben. Wenn im Himmel Freude aufkommt, weil ein Mensch zu Gott findet, dann können wir nicht zur Tagesordnung übergehen.

Jesus denkt mit seiner Geschichte auch an die, die bereits zu Gott gehören, denn sie sollen sich mitfreuen.

Gott möchte, dass Freude aufkommt, wenn er einen Menschen gefunden hat, der bereit ist für ein Leben mit ihm.

Darum hat Jesus diese Geschichte erzählt:

- Damit uns wichtig ist, was Gott wichtig ist: die Menschen.
- Damit wir verstehen, dass Gott sich danach sehnt, Menschen zu erlösen und wir uns dafür auch in Bewegung setzen lassen.
- Damit die Freude nicht verstummt: Freut euch mit mir!

6. GEBET

Dass wir dir so wichtig sind, lieber Vater im Himmel, das erstaunt uns. Du bist einen weiten Weg gegangen, um uns zu suchen, und wie viele hast du schon gefunden. Wir danken dir dafür, dass du dieses große Opfer für uns gebracht hast. Hilf uns, wenn wir noch nicht so weit sind, uns von dir finden zu lassen. Begleite jeden Schritt hin zu dir.

Herr, wir bitten dich, dass die Freude über gefundene Menschen bei uns nicht aufhört. *(Gemeinsames Vaterunser)* Amen.

7. Lied
„Vater, ich komme jetzt zu dir" (Feiert Jesus 1, Nr. 90)

8. Aktion zur Vertiefung
M2: Miteinander dürfen wir uns freuen, wenn Gott Verlorenes gefunden hat. Es gibt auch heute hier noch etwas zu finden. Wir haben Schokomünzen versteckt, nicht verloren. Aber sie sollen uns zeigen, wie es ist, wenn man etwas findet. Die Kinder dürfen auf die Suche gehen und uns an ihrer Finderfreude teilhaben lassen. Es soll jeder eine Goldmünze mit nach Hause nehmen, natürlich dürft ihr sie auch essen.

Sie erinnert uns daran: Wir sind so kostbar, dass Gott uns sucht, und wir dürfen uns darüber mitfreuen, dass Gott uns und andere gefunden hat.

Schokomünzen sind im Gelände versteckt: Die Kinder suchen sie.
Die Gemeinde teilt den Erfolg, indem sie Beifall gibt, wenn die Fundmünzen präsentiert werden.
Jeder der Gottesdienstbesucher nimmt eine Münze mit nach Hause.
(Auf den Münzen haben wir einen Aufkleber angebracht mit den Worten: Ja, die Freude bleibt!)

9. Segenslied
„Segne uns, o Herr" (Feiert Jesus 3, Nr. 240)

10. Gemeinsames Mittagessen und Spiele
Weitere Suchspiele für die Kinder, die als Stationen vorbereitet werden können:
- Buchstabenrätsel
- Weg suchen: Parcours mit verbunden Augen gehen
- Im Gelände bestimmte Naturmaterialien suchen: ein besonders farbiges Blatt, etwas Lustiges, etwas Seltsames …

■ ■ ■

- Große Münze (als Anhänger)
- Besen
- Schokomünzen mit Aufkleber
- Liederbücher

„Geöffnete Türen"
Gottesdienst zur Einschulung

- **Bibeltext:** Apg. 12,1-19
- **Zielgedanke:** Gott kann in schwierigen Zeiten Türen öffnen
- **Dekoration:** Eine Tür auf der Bühne, sie sollte sicher stehen und geöffnet werden können. An dem Rahmen wurde eine Zimmer- bzw. Hausnummer befestigt und eine funkgesteuerte Klingel.

1. BEGRÜSSUNG UND GEBET

Moderation: Das Thema unseres Gottesdienstes wird durch die Tür auf unserer Bühne dargestellt: Geöffnete Türen.

Unter uns sind junge und ältere Personen, für die sich eine neue Tür geöffnet hat oder sich in der nächsten Zeit öffnet. Besonders aufgeregt sind sicher die Kinder in unserer Mitte, die das erste Mal durch die Schultür gehen werden. *(Namen der Schulanfänger nennen.)*

Wir feiern diesen Gottesdienst im Namen Jesu Christi, der von sich selbst gesagt hat: „Ich bin die Tür." Ihm wollen wir die Ehre geben und ihn anbeten.

2. LIEDER UND LESUNG

Lied: „Auch dieser Tag, Herr" (Gemeinschaftsliederbuch, Nr. 623)
Lesung: Psalm 84
Lied: „Bist du groß oder bist du klein" (Du bist Herr – Kids, Nr. 7)

3. SPIELSZENEN: BESONDERE TÜREN

Moderation: Türen üben eine große Anziehungskraft aus. Was wird sich dahinter verbergen, bleiben sie uns verschlossen? Wie Menschen mit Türen umgehen, werden wir jetzt sehen:

(Folgende Szenen verdeutlichen, wie unterschiedlich Menschen mit Türen umgehen. Es sind Vorschläge, die einige Personen aus der Gemeinde sehr einfach nachspielen können. Eventuell sollte man eine Auswahl treffen. Die Beispiele a. bis c. werden von Kindern gespielt.)

a. Klingelstreich (3 Kinder, ein Erwachsener)
Einige Kinder klingeln an der Tür auf der Bühne, sie warten kurz, laufen dann durch den Gottesdienstraum fort, ein Erwachsener öffnet die Tür und schimpft hinter ihnen her.

b. Die Bescherung (4 Kinder)
Ungeduldige Kinder warten vor der Tür zum Weihnachtszimmer auf die Bescherung, versuchen durch das Schlüsselloch zu linsen, die Tür öffnet sich, die Kinder stürmen aufgeregt hinein.

c. Endlich Schulschluss (3–5 Kinder)
Die Schulglocke läutet, und eine Gruppe von Schülern verlässt lärmend das Klassenzimmer, um nach Hause zu gehen.

d. Der Zögernde (1 Person)
Ein Ängstlicher geht zaudernd zur Tür, macht Anstalten zu klopfen, zieht sich zurück. *(2–3 mal)* und entscheidet sich nicht hineinzugehen.

e. Die Neuigkeit (1 Person)
Ein Fröhlicher läuft mit einer guten Nachricht ohne zu zögern durch die Tür.

f. Die Prüfung (2 Personen)
Ein Prüfling *(schick angezogen)* wartet unruhig auf sein Gespräch, er schlägt noch einmal im Lehrwerk nach, zeigt sich nervös, bis sich die Tür öffnet und der Prüfer ihn hereinbittet.

g. Der Skeptiker (1 Person)
Er untersucht die Tür, misst sie aus, lauscht an der Wand, prüft und wendet sich dann misstrauisch ab.

h. Miteinander durch die Tür (2 Personen)
Jemand wartet ängstlich, bis eine zweite Person kommt und ihn ermutigt, durch die Tür zu gehen.

4. Lied

„Gott zeigt mir den Weg" (Feiert Jesus 1, Nr. 187)

5. Geschichte – Petrus wird befreit

Moderation: Eine Geschichte, in der Türen eine Rolle spielen, werden wir jetzt hören. Wer gut aufpasst, wird hinterher sagen können, wie viele Türen erwähnt werden.

Petrus hatte vieles mit Jesus erlebt. Er begann nach Jesu Tod und Auferstehung, anderen Menschen die gute Nachricht weiterzugeben. Und viele seiner Zuhörer schlossen sich zu kleinen Gemeinden zusammen. Manchen Juden, die Angst um ihren Einfluss hatten, waren die Christen ein Dorn im Auge.

Deshalb freuten sie sich besonders, als der König Herodes Agrippa in Jerusalem einige Gemeindemitglieder gefangen nehmen und foltern ließ. Dies fand großen Applaus bei ihnen, und der König fühlte sich so sehr geehrt dadurch, dass er einen weiteren Plan fasste. „Wenn ich jetzt noch den Petrus, der ja der Leiter der christlichen Gruppen ist, ins Gefängnis werfe, dann werden mich seine Feinde noch mehr bewundern."

Tatsächlich führte er sein Vorhaben aus. Schnell verbreitete sich unter den Christen die schreckliche Nachricht, dass auch Petrus inhaftiert worden war. So beteten sie Tag und Nacht für ihn, weil sie sich so sorgten.

Herodes wollte ganz auf Nummer sicher gehen – dieser wichtige Gefangene sollte nicht ausbrechen können, und so sah er zur Bewachung vier Gruppen mit vier Soldaten vor. Vor der Zellentür hielten zwei Soldaten Wache.

Im Kerker gab es noch einmal zwei Soldaten, an die Petrus gefesselt war. Dabei lag Petrus in Ketten und konnte sich kaum rühren. Während der Jünger so streng beaufsichtigt wurde, traf sich die Gemeinde, und sie beteten ohne Unterbrechung, Tag und Nacht für Petrus.

In der Nacht war es sicher beängstigend in dem Gefängnis, man konnte die Ketten der Gefangenen rasseln hören, bestimmt gab es auch Verbrecher dort, die laut schimpften. Es war weder bequem, noch ruhig. Für Petrus war die Lage besonders unangenehm, denn er musste, angekettet an die beiden Soldaten, die Nacht überstehen. Und er wusste, dass er am nächsten Morgen vor Gericht gestellt werden sollte. Nun denkt sicher jeder, dass Petrus sich unruhig hin und her geworfen und vor lauter Sorgen kein Auge zugemacht hätte. Doch tatsächlich schlief Petrus zwischen den Soldaten.

Auf einmal aber wurde er wach, ein unsanfter Stoß hatte ihn geweckt, und als er die Augen öffnete, war die Gefängniszelle hell erleuchtet. Petrus rieb sich die Augen und sah vor sich einen Engel, der ihn aufforderte aufzustehen. Die Ketten lösten sich von seinen Armen, sodass Petrus dem Engel folgen konnte.

Er war sich nicht sicher, ob das, was er erlebte, Wirklichkeit war oder ein Traum.

Aber zusammen mit dem Engel ging er durch die Zellentür hindurch, und keiner der Wachsoldaten hielt ihn auf.

Schließlich standen sie an der eisernen Gefängnistür, und als wäre sie automatisch, öffnete sie sich, und Petrus und der Engel traten an die frische Nachtluft.

Nach ein paar Metern auf der Straße war der Engel plötzlich verschwunden. Nun war dem Jünger klar, dass alles, was er erlebte, sich tatsächlich ereignete.

So lief er schnell zu dem Haus, in dem sich seine Freunde, die Mitglieder der Gemeinde, getroffen hatten, um für ihn und seine Freiheit zu beten.

Petrus pochte fest an das Hoftor des Hauses, und die Dienerin Rhode kam, um den Neuankömmling zu begrüßen. Sie hörte Petrus' Stimme und war so begeistert, dass dieser draußen stand, dass sie ganz vergaß, nun auch die Tür zu öffnen. Sie rannte aufgeregt ins Haus zu den anderen und teilte ihnen mit, Petrus stehe vor dem Hoftor.

Aber keiner wollte ihr glauben, sie konnten sich nicht vorstellen, wie das möglich sein sollte.

Petrus blieb nichts anderes übrig, als erneut laut anzuklopfen, bis sich schließlich einer fand, der die Tür öffnete. Wie groß war die Freude, als alle erkannten, dass Rhode Recht gehabt hatte. Nun wollte man natürlich wissen, wie es geschehen war, dass Petrus trotz verschlossener Türen und strenger Bewachung aus dem Gefängnis entkommen konnte.

Petrus erzählte den Christen, wie Gott ihr Gebet erhört und auf welche wunderbare Weise er ihn befreit hatte.
Durch wie viele Türen musste Petrus denn nun gehen?

(Zu der Geschichte aus Apostelgeschichte 12,1-17 können die Bilder, die bei der Andacht verwendet werden, ebenfalls gezeigt werden. Reihenfolge ist dann Bild 1, 3, 2)

6. ANDACHT

1. Unsere Schwierigkeiten sind Gottes Möglichkeiten!

Das war eine schwere Zeit damals für die ersten Christen. Herodes, der König, hatte einige von ihnen ins Gefängnis werfen lassen, und ein Ältester der Gemeinde, Jakobus, wurde sogar von ihm getötet.
Petrus wurde ebenfalls gefangen genommen. Er wurde ganz streng bewacht.
4 x 4 Soldaten bewachten ihn abwechselnd. (Wie viele sind das?)
Petrus wurde mit Ketten gefesselt. Er schlief zwischen zwei Soldaten.
Was hat er wohl gedacht, bevor er eingeschlafen ist? *(Kinder antworten lassen.)*

- Ob ich je wieder hier rauskomme?
- Ob Herodes mich auch umbringen wird?
- War jetzt alles umsonst?
- Warum hat Gott diese Situation zugelassen?
- Wenn Gott mich wirklich lieb hätte, dann hätte er mich nie ins Gefängnis werfen lassen.

Aber Petrus musste lernen, dass Gott uns nicht immer vor schweren Situationen bewahrt. Es kann auch für uns schwierig werden,

- dass wir bei Freunden nicht mehr so gut ankommen;
- dass wir in der Schule in einem Fach abrutschen;
- dass wir uns mit unserem Bruder, unserer Schwester nicht mehr so gut verstehen;
- dass andere uns belächeln und verspotten, weil wir an Jesus glauben.

1. Bild:

Alle Aquarelle: Petra Wennmann, Marburg

Was macht Petrus hier auf dem Bild? (Er schläft!)
Wenn jemand, obwohl er im Gefängnis ist und mit seinem nahen Tod rechnen muss, schlafen kann, was bedeutet das? ...
Er weiß sich trotz allem geborgen.
Jesus hatte seinen Jüngern nie versprochen, dass sie keine Gefahr, keine Schwierigkeiten, keine Not erleben würden, wenn sie Christen werden. Er hatte ihnen aber versprochen, alle Tage bei ihnen zu sein.
Er kann uns helfen, wenn wir den Eindruck haben, jetzt geht nichts mehr. In der Schule läuft es nicht so, wie du es dir wünschst. Die Klassenkameraden haben dich ausgeschlossen, die Klassenarbeit ist misslungen. Beruflich gibt es einen Stillstand: Die Beziehung zu den Kollegen ist gestört, und die Arbeit wird immer mehr.
Auf etwas kannst du dich trotzdem verlassen: Jesus ist bei dir, an jedem Tag, und deine Schwierigkeiten sind seine Möglichkeiten.

2. Gebet öffnet die Tür. Mach aus Sorgen ein Gebet!

Was machen die anderen Christen, während Petrus im Gefängnis ist?
„Aber die Gemeinde in Jerusalem hörte nicht auf, Gott um Hilfe für den Gefangenen zu bitten" (Apg 12,5).

Warum trafen sie sich heimlich zum Beten? *(Kinder fragen)*
Die Christen hätten sich verkriechen können, jeder in sein Haus. Sie hätten heimlich zu den Waffen greifen können und zum Kampf aufrufen. Sie hätten aufgeben können. Sie hätten beim König Herodes Protest einlegen können.

Sie entschieden sich dafür zu beten. Warum?

Weil Jesus ihnen einmal gesagt hatte, als es um das Gebet ging:
„Bittet, und ihr werdet bekommen! Sucht, und ihr werdet finden! Klopft an, und es wird euch geöffnet! Denn wer bittet, der bekommt; wer sucht, der findet; und wer anklopft, dem wird geöffnet" (Mt 7,7).

2. Bild:

Und das haben die Christen gemacht. Sie haben gebetet, sie haben Gottes Nähe gesucht, sie haben ihn gebeten, die Gefängnistür für Petrus wieder zu öffnen. Sie wussten nicht, ob Gott es tun würde, aber sie haben Tag und Nacht dafür gebetet.

Ein Tipp: Gebet öffnet Türen für dich. Wenn du in Schwierigkeiten bist, dann bete. Ja, in jeder Lage kannst du die Nähe Gottes im Gebet suchen. Bitte andere, mit dir zusammen zu beten, und sei gespannt, wie Gott auf euer Gebet antworten wird!

3. Wenn Gott dir eine Tür geöffnet hat, gehe hindurch!

Auf einmal stand ein Engel bei Petrus in der Zelle. Was sagte er zu ihm? „Auf, zieh deine Schuhe und deinen Mantel an und folge mir!"

Was hat Petrus gemacht?

Ist er liegen geblieben? Hat er gedacht, er träumt? Hat er gewartet, bis der Engel ihn hinausträgt? Hat er ungläubig den Kopf geschüttelt, sich auf die andere Seite gedreht und weitergeschlafen? Was hat Petrus gemacht? *(Kinder antworten lassen.)*

3. Bild:

Gott hat Petrus die Tür geöffnet, und er ist hindurchgegangen. Dann stand er schon wieder vor einer verschlossenen Tür, weil die Magd vor lauter Aufregung vergessen hatte, die Tür aufzutun, und die anderen wollten erst gar nicht glauben, dass Petrus schon wieder frei war.

So ist das manchmal, wir beten und rechnen gar nicht wirklich damit, dass Gott unser Gebet erhört.

Na, dann musste Petrus natürlich die Geschichte genau erzählen.

Wenn Petrus im Gefängnis geblieben wäre, dann hätten sie es nicht erfahren. Wenn Gott uns eine Tür öffnet, dann sollten wir hindurchgehen.

Gott ist dein Türöffner. Er hat dir Türen geöffnet, und er wird dir auch in Zukunft Türen öffnen.

- die Tür des Herzens zu einem Menschen, zum Beispiel einem Schulkameraden, der angefangen hat dir zu vertrauen und dein Freund werden möchte;
- die Tür zu ihm, zu Gott, die durch Jesus offen für dich ist;
- die Tür des Gebetes, durch die du immer gehen und einfach mit ihm reden kannst;
- die Tür ins Leben: An seiner Hand kannst du neue Schritte in Unbekanntes wagen.

7. LIED

„Du bist der Weg und die Wahrheit" (Feiert Jesus 1, Nr. 160)

8. GEBET UND SEGEN

Moderation: Nun möchte ich alle Kinder, die eingeschult werden, auf die Bühne bitten. Es beginnt ein neuer Abschnitt für euch, und wir als Gemeinde wünschen euch Gottes Segen. *(Den Kindern kann eine kleine Schultüte überreicht werden.)*

Für alle Schüler, Studenten und Lehrer beginnt ebenfalls ein neues Schuljahr, und sicher seid ihr sehr gespannt darauf, was euch erwartet. Bitte kommt auch nach vorn, wir wollen für die neuen Schulkinder und alle anderen Schüler und die Lehrer beten.

(Alle Schüler, Studenten und Lehrer der Gemeinde kommen und stellen sich im Halbkreis auf der Bühne auf.)

Das Gebet für die Kindergartenkinder und Schüler wird von den Kindergottesdienstmitarbeitern gesprochen.
Für die Erzieher, Lehrer und Eltern betet ein weiterer Erwachsener aus der Gemeinde.

9. SYMBOLHANDLUNG

Moderation: In ein neues Schuljahr zu gehen, ist wie durch eine Tür zu gehen und nicht genau zu wissen, was dich erwartet. Ich lade euch ein, jetzt durch diese Tür auf der Bühne zu gehen, mit dem Wissen, hinter jeder Tür steht Gott. Egal, welcher Lehrer auf dich wartet, egal, vor welchen Prüfungen du in der nächsten Zeit stehst, Gott ist schon da. Er lässt dich nicht allein.
Natürlich dürfen die jungen Schulkinder zuerst die Tür öffnen. Dahinter gibt es für jeden eine kleine Stärkung für das kommende Schuljahr.
(Die Schüler und Lehrer gehen durch die Tür.)
Nicht nur Schüler stehen vor neuen Herausforderungen. Vielleicht wartest du auch vor einer Tür und zögerst einzutreten. Sie bereitet dir Sorgen, weil du nicht weißt, was auf dich zukommt. Wir möchten jetzt Zeit geben, über offene oder verschlossene Türen im eigenen Leben nachzudenken: Türen im Alltag, Türen zu bestimmten Menschen, die Tür zu Jesus, Türen, die in schwierige Situationen führen können.
Ich lade jeden ein, durch diese Tür auf der Bühne zu gehen und sich so zu ermutigen, die Tür, die Gott öffnet, anzunehmen und hindurchzulaufen.
Denn er selbst steht immer auf der anderen Seite der Tür.
Hinter der geöffneten Tür erhält jeder eine Karte mit Worten der Ermutigung.
(Es sollte ausreichend Zeit gelassen werden, dass Gottesdienstbesucher durch die Tür gehen bzw. sich mit der Thematik auseinandersetzen können. Währenddessen wird ruhige Musik eingespielt.)

10. LIED

„Neue Schritte wagen" (Feiert Jesus 1, Nr. 202)

11. SEGEN

nach Psalm 121

12. VERABSCHIEDUNG

Ich wünsche Ihnen und euch Mut und Kraft in der nächsten Woche, die richtigen Wege auszuwählen, offene Türen zu sehen und mutig hindurchzugehen.

■ ■ ■

MATERIAL

- Tür für die Bühne
- Kleine Schultüten
- Süßes für die Schüler und Lehrer
- Textkarten mit Worten des Zuspruchs
- CD mit Instrumentalmusik
- Eingescannte Bilder auf Folien oder im PC (Beamer) für die Geschichte und die Andacht

Was der Regenbogen erzählt
Erntedankgottesdienst

- **Bibeltext:** 1. Mose 9,12-17
- **Zielgedanke:** Der Regenbogen ist ein Zeichen für Gottes Liebe zu den Menschen.
- **Dekoration:** Erntedanktisch mit Obst und Gemüse in vielen kräftigen Farben und einen Regenbogen aus Regenbogenbuntpapier (bzw. Regenbogenwellpappe) oder Krepppapierbändern an der Wand

1. ORGELVORSPIEL
„Wir pflügen und wir streuen" (EG, Nr. 508; Gemeinschaftsliederbuch, Nr. 676)

2. BEGRÜSSUNG UND GEBET
Moderation: Heute bewundern wir den schön gestalteten Erntedanktisch. Wie reich sind wir doch! Erstaunlich ist die große Anzahl der unterschiedlichen Obst- und Gemüsesorten. Welche Formen und Farben kann man auf unserem Tisch entdecken? Vielleicht sammeln wir einmal die Farben, die hier zu sehen sind:
(Die Kinder sind aufgefordert, die Farben und das dazugehörige Obst bzw. Gemüse zu nennen.)
So vielfältig ist die Schöpfung, und heute wollen wir Gott „danke" sagen, dass er uns so gut versorgt und wir nicht nur genug zu essen haben, sondern mehr als genug. Etwas ganz Buntes ist heute ebenfalls hier zu sehen ...
Der Regenbogen hat auch etwas mit Ernte und der Dankbarkeit für unsere Ernährung zu tun, er erzählt seine eigene Geschichte. Was er uns sagen möchte, wird in diesem Gottesdienst deutlich werden.

3. DANKLIEDER
„Herr, ich sehe deine Welt" (Feiert Jesus 1, Nr. 52)
„Danke für diesen guten Morgen" (Gemeinschaftsliederbuch, Nr. 627; EG, Nr. 334; Ich will dir danken, Nr. 345)

(Der Refrain dieses Liedes kann am Schluss instrumental wiederholt werden, währenddessen haben die Gottesdienstbesucher Gelegenheit, zur Melodie in das Mikrofon das zu sagen, wofür sie Gott dankbar sind. Einige aus dem Team, die die Lieder begleiten oder mitsingen, können den Anfang machen und ermutigen so zu spontanen Beiträgen. Zuletzt singen alle nochmals den Refrain. Bei Bedarf kann daraufhin zum Refrain eine weitere interaktive Einheit mit Worten des Dankes an Gott erfolgen. Bitte auch Kinder daran beteiligen!)

4. LESUNG

Psalm 100 *(sollte von einem Kind gelesen werden)*

5. LIED

„Wir pflügen und wir streuen" (Gemeinschaftsliederbuch, Nr. 676; EG, Nr. 508)

6. GESCHICHTE – DER REGENBOGEN IM WASSER

Moderation: *(Die Kinder werden nach vorn gebeten, mit Blickkontakt zu ihnen lässt sich die Geschichte besser vortragen.)*

Wenn wir den Regenbogen sehen, staunen wir über seine wunderbaren Farben. Wie schön hat Gott ihn gemacht! Nicht jeder weiß, dass dieses Naturereignis eine Geschichte erzählen kann, auch Celina wusste zunächst nichts davon.

„Mama, Mama, schnell, komm her!", laut und drängend schallt Celinas Stimme nach oben ins Haus. Die Mutter eilt rasch ans Fenster, um herauszufinden, was ihre Tochter so aufregt.

„Lina, was ist denn geschehen?"

Von oben kann man das Mädchen sehen, wie es sich vor eine Wasserlache gehockt hat und angestrengt hineinblickt.

„Der Regenbogen ist ins Wasser gefallen, jetzt gibt es keinen Regenbogen mehr am Himmel", schluchzt sie mit tieftrauriger Stimme.

Die große Traurigkeit ihrer Tochter lässt die Mutter schnell einige Treppenstufen auf einmal nach unten nehmen. „Aber mein Kind, wie kommst du denn auf diese Idee?"

„Sieh doch, Mami, hier liegt er in der Pfütze mit seinen schönen Farben, wie soll er je wieder den Himmel bunt malen?"

Spiegelt sich etwa ein Regenbogen im Wasser? Der Blick nach oben macht klar – das kann nicht sein, denn der Himmel ist strahlend blau und zeigt keine andere Färbung.

Da schaut sich die Mutter das Wasserfleckchen genau an, und tatsächlich – in allen bunten Farben schillert es ihr aus der Lache entgegen – ein Regenbogen in der Pfütze, wie kann das möglich sein?

Kein Wunder, dass die Kleine so erschrocken ist, steht sie doch oft an ihrem Kinderzimmerfenster und beobachtet den Himmel. Wie begeistert nimmt sie jede Färbung wahr, aber das Größte ist für sie der Regenbogen, wenn er am Himmel steht. Auf fast jeder ihrer Kinderzeichnungen findet man einen. Und nun ist Celina in großer Sorge, dass der Regenbogen verunglückt ist.

(Eine Unterbrechung an dieser Stelle ist möglich, um die Kinder vermuten zu lassen, wieso die Regenpfütze schillert.)

Längst ist der Mutter klar, dass einige Tropfen Benzin aus einem Auto das Farbenspiel gezaubert haben. Aber jetzt weiß sie auch, dass ihr Töchterchen noch mehr über den Regenbogen wissen muss, nicht nur, dass er aus Regen und Sonne entsteht.

Celina soll erfahren, dass er eine Geschichte erzählt und auf ein Versprechen hinweist.

„Weißt du, Lina, vor langer Zeit lebte auf dieser Erde ein Mann, und sein Name war Noah."

(Der Moderator wendet sich an die Kinder im Saal.)

Nun bin ich sicher, euch Kindern ist die Geschichte von Noah bekannt, gewiss könnt ihr mir helfen, sie zu erzählen. Wer macht den Anfang?

(An dieser Stelle erzählen die Kinder die Geschichte der Arche Noah weiter. Gut wäre, sie in ein Mikrofon sprechen zu lassen. Nach einigen Sätzen wird jeweils ein anderes Kind aufgefordert, weiter von dem Geschehen um die Arche zu berichten.

Evtl. kann die Geschichte auch nach einer Kinderbibel vorgelesen werden. Spannender wäre es, wenn ein Mitarbeiter sie erzählt, falls sie den Kindern weniger bekannt ist. Am Ende dieses Konzeptes finden Sie eine Kurzfassung der Noahgeschichte, die zum vorangestellten Text passt.)

7. Tüchertanz

Moderation: Wie die Geschichte von Noah zeigt, kann der Regenbogen also nicht in einer Pfütze verloren gehen. Er ist viel zu wichtig und ein Beispiel für etwas, das Gott den Menschen sagen möchte. Besonders schön wird das jetzt durch einen Regenbogentanz von den Kindern unserer Gemeinde verdeutlicht.

(Kinder tanzen zum Lied: „Gott malt mit bunten Farben", von H. Jost und Ruthild Wilson [CD „Noah und die coole Arche", Nr. 20]. *Sie tragen T-Shirts in den Farben Rot, Gelb, Grün, Blau, Lila und Orange [Regenbogenfarben] und haben Chiffontücher in der gleichen Farbe wie das T-Shirt.)*

Folgende Bewegungen mit den Tüchern werden auf das Lied abgestimmt:
- seitliche Kreisbewegungen von hinten nach vorn;
- nachfahren einer liegenden Acht vor dem Körper;
- das Tuch wird vertikal in die Höhe geschwungen;
- große Zickzackbewegungen von oben nach unten;
- die Kinder hocken sich hin und führen das Tuch in Wellenbewegung von links nach rechts und wieder zurück;
- das Tuch wird langsam über dem Kopf wie ein Lasso geschwungen;
- Kreise vor dem Körper, die sich wie eine Spirale nach innen ziehen, um dann wieder größer und ausladender zu werden;
- zuletzt stellen sich die Kinder auf und bilden mit den Tüchern, deren Enden mit beiden Händen gehalten werden, einen Bogen und stellen so den Regenbogen dar.

Wichtig ist, dass die Körperhaltung der Kinder die Bewegungen verstärkt und ihr Blick aufgerichtet ist. Die Bewegungen werden auf die Texte abgestimmt *(beim Text „Gott malt mit bunten Farben" bietet es sich an, dass die Kinder mit den Tüchern Zacken in die Luft malen ...)*

8. Andacht

„Ein Regenbogen!", so haben wir es als Kinder gerufen und uns die Nase platt gedrückt am Fenster oder an der Autoscheibe. Wie Celina hat uns der Regenbogen begeistert.

Geht es euch genauso? Was denkt ihr, wenn ihr einen Regenbogen seht? Ich freue mich jedes Mal über

- die Farben;
- die Sonne nach dem Regen, ohne die kein Regenbogen entsteht;
- die Form des Bogens, und manchmal kann man sogar zwei entdecken;
- die Geschichte, die zum Bogen gehört und die ihr uns so gut nacherzählt habt.

Wie furchtbar war das: Die Menschen dachten und taten alles, ohne Gott zu berücksichtigen, sie waren gottlos. Sie lebten ohne ihn. Ihren Schöpfer hatten sie vergessen und handelten nach Lust und Laune. Es gab unendlich viel Gewalt und Elend auf der Erde.

Das wurde so schrecklich, dass Gott beschloss, alles Leben auf der Erde wieder zu vernichten. Nur eine Familie wollte er retten und mit ihr neu anfangen.

Das Oberhaupt der Familie war *(Pause)* Noah.

Die Auswirkungen der großen Flut waren aber so schlimm, dass Gott beschloss, nie mehr eine solche Wasserflut, eine so riesige Überschwemmung über die Erde kommen zu lassen.

Gott sagte: „Ich will die Erde nicht mehr verfluchen. Ich will nie mehr ein solches Gericht über die Erde kommen lassen. Solange die Erde besteht, soll es immer Saat und Ernte, Kälte und Hitze, Sommer und Winter, Tag und Nacht geben" (1. Mo 8,22).

Das ist der Grund, warum wir heute Erntedankfest feiern können, weil Gott sich an sein Versprechen gehalten hat und wir die Früchte und das Gemüse auf den Feldern und in den Gärten geerntet haben. Damit wir Gottes Versprechen nicht vergessen, hat er den Regenbogen in den Himmel gesetzt. Er ist ein Zeichen dafür, dass Gott sein Versprechen ernst nimmt.

Der Regenbogen hat etwas zu sagen. Hinter den bunten Farben stehen Buchstaben. Hinter den bunten Farben verbirgt sich eine Botschaft. Die wollen wir heute auswendig lernen!

1. Die erste Botschaft lautet: Gott ist treu!

Damals gab es diese schreckliche Strafe, aber dann hat Gott beschlossen: So etwas wird es nicht mehr geben, solange diese Erde besteht, und er hat Wort gehalten. Eine so umfassende Katastrophe hat es nicht wieder gegeben, und auf der Erde wächst und gedeiht die Natur, gibt es Früchte und Korn zu ernten.

Es ist genug, sodass jeder satt werden könnte, wenn wir Menschen es nur gerecht verteilten.

Gott ist treu.

Wenn er etwas verspricht, hält er es auch. Manchmal können wir das nur schwer glauben, weil Gott bestimmte Wünsche nicht erfüllt hat. Gott erfüllt nicht alle unsere Wünsche, aber all das, was er in seinem Wort versprochen hat. Auf ihn ist Verlass.

2. Die zweite Botschaft heißt: Gott will, dass wir leben

Gott ist ein Liebhaber des Lebens.

Alles was lebt,

- was kriecht und fliegt,
- was zwitschert und quakt,
- was brüllt und muht,
- was bellt und miaut,
- was grunzt und zischt,
- was trompetet und kreischt,

hat er gemacht, und das liebt er.

Gott will das Leben! Deshalb hat er die Erde so bunt geschaffen: Pflanzen, Tiere, Menschen, Wind, Wasser, Feuer, Berge, Meer, Wüsten und Wälder.

Nicht zuletzt zeigt auch unser Erntedanktisch, wie fantasievoll und farbig Gott unsere Umwelt gestaltet hat. Auch wir Menschen haben unser Leben von ihm geschenkt bekommen:

O Herr, welch unermessliche Vielfalt zeigen deine Werke! Sie alle sind Zeugen deiner Weisheit, die ganze Erde ist voll von deinen Geschöpfen (Ps 104,24).

Gott möchte, dass wir uns an der Vielfalt des Lebens freuen. Er hat uns dieses Leben geschenkt, damit wir ihm die Ehre geben, und er selbst steht für das Lebendige.

3. Die dritte Botschaft lautet: Gott verbindet sich mit uns

In einem Lied von Rolf Krenzer heißt es: „Ein bunter Regenbogen ist übers Land gezogen, damit ihr alle wisst, dass Gott uns nicht vergisst." Der Regenbogen ist ein Hinweis und eine Erinnerung daran, dass Gott alle Menschen liebt. Er macht deutlich, dass der Schöpfer sich mit seiner Schöpfung wieder verbunden hat. So ist er ein Zeichen der Hoffnung, des Lebens, der Gewissheit, dass Gott zu seinen Menschen steht und sein Wort hält.

Er will, dass wir Kontakt zu ihm haben, dass uns die Beziehung zu ihm wichtig ist, und er will in Verbindung mit uns bleiben.

Es gibt ein weiteres Zeichen, das die Liebe Gottes zu uns verdeutlicht. Es ist ein Zeichen, das uns darauf hinweisen soll, dass Gott uns immer wieder die Chance zum Leben gibt, so wie der Regenbogen deutlich macht, dass Gott mit den Menschen neu angefangen hat.

Manche tragen das Zeichen an einem Kettchen am Hals. In vielen Kirchen und Gemeinden hängt es ganz groß an der Wand: das Kreuz.

Der Regenbogen zeigt uns, dass der Schöpfer seine Schöpfung liebt. Das Kreuz zeigt uns, dass Gott für uns ist. Es macht deutlich, dass keine Schuld oder Verlorenheit oder irgendetwas anderes unser Leben zerstören muss, wie eine Sintflut.

Jesus starb am Kreuz, damit wir froh und frei sein dürfen.

Wie heißen die drei Botschaften hinter dem Regenbogen?

    1. Gott ist treu!

    2. Gott will, dass wir leben!

    3. Gott verbindet sich mit uns!

9. Lied

„Ein bunter Regenbogen" von Rolf Krenzer (Das Liederbuch zum Umhängen 1, Nr. 18, Menschenkinder Verlag)

10. Segen

Moderation: Ich wünsche uns allen, dass wir an die drei Botschaften denken, wenn wir das nächste Mal einen Regenbogen am Himmel sehen. Er spricht zu uns, und weil er ein Versprechen Gottes deutlich macht, wird er mit Sicherheit nicht in einer Wasserlache verschwinden. Er bleibt eines der schönsten Zeichen der Zuverlässigkeit Gottes.

■ ■ ■

MATERIAL

- Regenbogen aus buntem Papier
- Farbige Chiffontücher (evtl. auch zwei pro Kind für jede Hand)
- CD „Noah und die coole Arche" (Creative Kirche 2005)
- Obst, Gemüse und Körbe für einen Erntedanktisch
- Erzählung „Die Arche Noah". Sie kann direkt an die Geschichte „Der Regenbogen im Wasser" angefügt werden.

Den Menschen, die zusammen mit Noah lebten, war Gott gleichgültig. Sie hatten kein schlechtes Gewissen, wenn sie anderen Leid zufügten oder gewalttätig waren. Sie lebten, als gäbe es Gott nicht und waren sehr grausam. Man konnte sich auf der Erde nicht wohlfühlen.

Das Besondere an Noah war, dass er das tun wollte, was Gott gefiel. Er fragte nach Gottes Willen. Er lebte vorbildlich – alle hätten sich an ihm ein Beispiel nehmen können.

Gott hatte also die Menschen geschaffen, doch außer Noah und seiner Familie fragte keiner nach ihm. Das Chaos unter den Menschen war nicht mehr auszuhalten, und so beschloss Gott, dass es ein Ende haben sollte mit dem Unrecht auf der Erde. Er wollte die Menschheit vernichten, Noah aber und seine Familie sollten verschont bleiben.

Gott gab Noah die Anweisung, ein Schiff, die Arche, zu bauen. Er ließ sie ganz groß bauen, denn er hatte einen Plan, den verriet er Noah.

Gott sagte: „Wenn ich auch dem Unheil der Menschen ein Ende setzen will, dann soll es danach doch weitergehen. Ihr und auch die Tiere sollt weiterleben. Deshalb werden ein Weibchen und ein Männchen von jeder Tierart zusammen mit euch in der Arche gerettet werden."

Noah war es gewöhnt, auf Gott zu hören und alles zu befolgen, was er wollte, und so führte er Gottes Pläne aus. Als die Arche fertig war, bezogen seine Familie und alle Tiere das Schiff. Natürlich wurde vorher genügend Nahrung mit an Bord gebracht.

Kannst du dir vorstellen, welche Töne man dort in der Arche hören konnte?

Und der Gestank war sicher auch manchmal unerträglich.

Aber die Arche war ein Rettungsschiff. Jeder konnte nur froh sein, dass er mit an Bord war.

Denn als die Menschen und die Tiere im Schiff waren, begann die große Flut. Alle, die nicht in der Arche waren, waren verloren. Nur die Familie Noahs und die Tiere wurden gerettet.

Viele Tage und Nächte schaukelte das große Schiff auf dem Wasser, während die Büsche, Bäume, ja sogar die Berge untergingen.

Fast konnte man im Bauch des Schiffes denken, Gott hätte die Insassen vergessen.

Doch das war nicht so.

Als die richtige Zeit gekommen war, ging das Wasser zurück und die Arche setzte auf trockenem Boden auf.

Die Menschen und alle Tiere konnten das Schiff verlassen und sich auf der Erde ausbreiten.

Noah baute als Erstes an Land einen Altar auf. Damit wollte er Gott „danke" sagen dafür, dass er mit seiner Familie die große Flut überstanden hatte.

Gott aber fasste den Entschluss, dass es so eine schlimme Flutkatastrophe nicht mehr geben sollte. Und das versprach er Noah.

Damit Noah und alle Menschen nach ihm dieses Versprechen nicht vergessen, dachte sich Gott ein Erinnerungszeichen aus, den Regenbogen:

„Immer wenn der Regenbogen zu sehen ist, erinnert er an mein Versprechen und daran, dass ich es halten werde. Solange diese Erde besteht, wird es solch eine Flut nicht mehr geben."

„Licht erhellt unsere Welt"
Gottesdienst im Advent

- **Zielgedanke:** Jesus macht die Dunkelheit der Welt und meines Lebens hell
- **Dekoration:** Adventskranz, adventlich geschmückter Raum

1. LICHTERTANZ

Der Raum wird verdunkelt. Dann erscheint ein Kind und trägt eine große Kerze, die angezündet ist. Es stellt sie in die Mitte der Bühne. Weitere Kinder kommen mit Teelichtern aus den Ecken und entzünden ihre Kerzen an dem Licht im Zentrum.

Die Kerzen werden jeweils in ein Dekorationsglas gegeben.

Nun bilden alle Kinder einen großen Kreis. Adventliche Musik wird eingespielt: z. B. „Das Licht des Herrn" (Aus CD: Freue dich, Welt, hänssler music).

Zur Musik werden einzelne Positionen mit den Kerzen eingenommen und Tanzelemente vorgeführt:

1. Alle Kinder gehen *(die Gläser hoch nach vorne gerichtet)* zur Mitte und wieder auseinander. Sie drehen sich auf dem Platz um sich selbst. Sie beschreiben mit der Hand, in der das Licht ist, einen Halbkreis.

Dann geht jedes Kind acht Schritte nach rechts und dann wieder acht Schritte nach links.

Der Kreis teilt sich, und es bilden sich zwei Reihen, die versetzt sind, sodass jedes Licht zu sehen ist, der Blick wird nach vorn gerichtet.

2. Alle Kinder gehen je zwei Schritte vor und zwei zurück. Im Wechselschritt geht es zweimal zur Seite, zweimal zurück, die vordere Reihe nach links, die hintere nach rechts.

Jetzt beschreiben die Kinder einen Viertelkreis mit der Hand, bieten quasi den Zuschauern das Licht an. *(Formation 2 wiederholen)*

Erneut wird ein Kreis gebildet und die Formation 1 wiederholt. Der

Lichtertanz schließt, indem die Kinder aufeinander zugehen und ihre Lichter in der Mitte hochhalten.

Die Musik wird langsam ausgeblendet.

Die Kinder verteilen die Kerzen im Raum *(z. B. auf den Fensterbänken)*.

2. BEGRÜSSUNG UND GEBET

Moderation: Die Kinder haben uns festlich auf unser Thema eingestimmt. Wie zunächst die eine Kerze unseren dunklen Saal erhellt hat, so hat Jesus durch sein Kommen in die Welt Licht gebracht, die Dunkelheit vertrieben.

Der Lichtertanz der Kinder hat sehr schön verdeutlicht, wie dringend wir das Licht brauchen. Haben Sie es gesehen? Dieses Licht wurde uns sogar angeboten. Die folgenden Lieder preisen Jesus als das Licht der Welt.

3. LOBLIEDER

„Herr, das Licht deiner Liebe leuchtet auf" (Feiert Jesus 1, Nr. 89)

„Der Morgenstern ist aufgedrungen" (Gemeinschaftsliederbuch, Nr. 22; EG, Nr. 69)

4. SPIELSZENE – WICHERN UND DER ADVENTSKRANZ

(Der Moderator zündet am Adventskranz eine Kerze an)

Moderation: Jesus, das Licht der Welt, davon erzählt auch die Kerze am Adventskranz. Wissen Sie, wer als Erstes auf die Idee gekommen ist, einen Adventskranz aufzustellen? Es war ein Mann, der die Dunkelheit in seiner Stadt ernst nahm, er wollte durch Jesus ein Licht für Menschen anzünden und hat das auch ganz praktisch werden lassen. Aber sehen Sie selbst, wie!

ADVENT IM RAUHEN HAUS

Mitspieler: Sprecher, Wichern, Otto, Hans, Peter, mehrere Jungen

Sprecher: Heute lernen wir einen Mann kennen, er heißt Johann Hinrich Wichern und ist Theologiestudent. Er lebt im 19. Jahrhundert. 1832 lernt er als Sonderschullehrer das Elend der Vororte Hamburgs kennen. Viele Familien sind so arm, dass sie ihre Kinder nicht ernähren können. So gibt es verwahrloste und unterernährte, zerlumpte und hoffnungslose Kinder, die sein Herz anrühren. Viele finden in ihren Familien keinen Halt und begehen Straftaten. Ihn bedrückt, dass die Kinder hungern, krank werden, es für sie keine medizinische Hilfe gibt und dass sie von Gott noch nie gehört haben. Er sucht einen Weg, diesen jungen Menschen zu helfen und ihnen Licht in ihr Leben zu bringen. Er weiß, helfen kann er nur, wenn er sie aus den Armenvierteln der Stadt herausholt. So gründet er im Jahre 1833 das Rauhe Haus in St. Georg, das wenige Kilometer vor den Toren der Stadt Hamburg liegt. Er bildet kleine Familien, die zunächst nur aus Jungen bestehen. Bis zu 12 Jungen finden in diesen Familien ein Zuhause, sie werden von einem Erzieher betreut. Heute soll Hans neu in eine Familie aufgenommen werden.

1. Szene: Hans und Wichern

Hans: Ich kann es kaum glauben, dass Sie mich hier aufnehmen. Ich bin ganz aufgeregt.

Wichern: Ja, hier in unserem Rettungshaus ist jetzt dein neues Zuhause. Siehst du, dort hinten ist dein Bett.

Hans: Wie, bekomme ich ein eigenes Bett?

Wichern: Aber ja, mein Kind, jeder hat ein eigenes Bett bei uns. Wie geht es dir nach deinem Bad, und wie gefallen dir deine neuen Kleider?

Hans: Ich fühle mich wie neugeboren. Mir kommt das alles wie ein Traum vor.

Wichern: Das ist schön, mein Junge. Übrigens haben wir für dich ein Fest vorbereitet, so sehr freuen wir uns, dass du ab heute bei uns lebst.

Hans: Ich kann das alles gar nicht fassen, wo ich schon so viel Böses getan habe. Ich habe manchmal, wenn ich Hunger hatte, gestohlen.

Wichern: Weißt du, Hans, dir ist alles vergeben, du darfst hier bei uns neu anfangen. Deshalb möchte ich, dass du nicht mehr mit anderen über das sprichst, was du in der Vergangenheit angestellt hast, höchstens mit mir. Dies ist eine neue Chance für dich, und keiner hat das Recht, deine dunkle Vergangenheit wieder hervorzukramen.

Schau, hier in diesem Haus sollst du ganz frei sein. Hier wird dir das Licht der Liebe Gottes scheinen. Niemand wird dich zwingen, bei uns zu bleiben. Unsere Türen sind nicht verschlossen. Aber wir vertrauen auf die Liebe Gottes, die uns hilft, uns vergibt und ein Band ist, das uns zusammenhält. Willst du die Chance ergreifen und mir vertrauen?

Hans: Ja, Herr.

Wichern: Und nun werde ich dich den anderen vorstellen. *(Mehrere Jungen kommen auf die Bühne.)*

Otto: Herzlich willkommen bei uns! *(Die Kinder geben Hans die Hand und begrüßen ihn.)*

Sprecher: Es sind viele Kinder, die neue Hoffnung schöpfen. Sie erhalten eine Grundlage für ihr späteres Leben und ein Zuhause, in dem sie lernen, anderen zu vertrauen und sich in eine Gruppe einzuordnen. Wieder einmal ist Adventszeit, und in den Häusern der reichen Menschen brennen an den Abenden die Kerzen, in deren Schein die Familien zusammensitzen.

2. Spielszene

Peter: Was bedeutet Advent, warum sprechen alle von Weihnachten? Ich habe noch nie etwas davon gehört.

Jungen: *(im Chor)* Ich auch nicht!

Wichern: Ja, Kinder, wie soll ich euch das nur erklären? *(Wichern geht auf und ab und überlegt, bis deutlich wird: Er hat eine Idee.)*

Sprecher: Und so überlegt Wichern immer wieder, wie er ihnen erklären und zeigen kann, dass die Adventszeit eine frohe Zeit der Erwartung ist. Auf einmal hat er eine Idee. Früh am Morgen des 1. Dezembers geht er in den Speisesaal mit etwas ganz Besonderem in der Hand. Wichern hält ein Holzrad mit 19 roten und vier weißen Kerzen in der Hand.

Otto: Was hast du denn da, so etwas Schönes habe ich ja noch nie gesehen?

Hans: Warum hast du so viele Kerzen auf dem Holzrad befestigt? Meine Zeit, das sind ja, 1, 2, 3, … 19 rote Kerzen, und dann gibt es noch die vier weißen Kerzen.

Wichern: Gut gezählt, Hans. Passt einmal auf! Ihr dürft ab sofort immer nach jeder Andacht am Morgen eins dieser Lichter anzünden, und jeden Sonntag ist eine weiße Kerze dran.

Otto: Dann wird es bei uns ja immer heller!

Wichern: Ganz genau. Wenn alle Kerzen brennen, dann feiern wir unser Weihnachtsfest.

Peter: Aber was hat das zu bedeuten? Was willst du uns mit diesem Kranz sagen?

Wichern: Wir leben gerade in der Zeit vor Weihnachten, in der Adventszeit. In den nächsten Wochen erinnern wir uns daran, dass Gott unsere Welt durch ein Licht erhellt hat. Dieses Licht ist sein Sohn Jesus, von dem ich euch in unseren Andachten immer erzählt habe. Gott hat jeden von uns so lieb. Für dich Otto, Peter, Hans und alle anderen, ja auch für mich hat er seinen Sohn geschickt. Uns soll in diesen Tagen ein Licht aufgehen. Jeden Morgen nach der Andacht wird eine weitere Kerze brennen und uns an Jesus erinnern, der von sich gesagt hat: Ich bin das Licht der Welt. Dieser Kranz erzählt uns von der Liebe Gottes, die im Jesuskind in der Krippe ganz greifbar wird. Die vier weißen Kerzen deuten auf die vier Himmelsrichtungen hin und zeigen, dass Gottes Liebe wirklich allen Menschen auf der Welt gilt, und der Kranz steht für die Verbundenheit Gottes mit uns.

Sprecher: So wurde diesen Kindern, die in ihren Familien nie an einer weihnachtlichen Feier teilnehmen konnten, das Geheimnis von Weihnachten deutlich. Nie wieder sollten sie die Adventszeit im Rauhen Haus vergessen.

5. LIED

„Licht bricht durch in die Dunkelheit" (Singt von Jesus, Nr. 176, Born-Verlag)

6. ANDACHT

1. In der Welt gibt es viel Dunkles

Warum brauchen wir das Licht? Warum zünden wir in dieser Adventszeit Kerzen an? *(Kinder antworten lassen.)*

Gerade in diesen Tagen machen wir es uns gerne gemütlich und stellen viele Lichter auf. Wenn es früher finster wird und es auch morgens noch nicht so richtig hell ist, sehnen wir uns nach Helligkeit.
Wir können die Dunkelheit gar nicht gut aushalten.
In unserer Welt gibt es vieles, das dunkel ist und uns Angst macht.
Kriege, Terror und Verbrechen. Aber auch in unseren Familien, an den Arbeitsplätzen, in der Schule gibt es Streit und Unfrieden. Eltern gehen auseinander, Freundschaften zerbrechen, und Worte verletzen.
Dunkles gibt es überall, und es bekümmert unsere Herzen.
Es macht uns traurig und verletzlich. Und etwas von dieser Finsternis macht auch unsere Herzen dunkel. Auch Schuld und Unrecht, die wir begangen haben, verfinstern unser Leben.
Johann Hinrich Wichern hat diese Dunkelheit in seiner Stadt gesehen. Er hat entdeckt, dass es Kinder gab, für die das Leben freudlos und ganz ohne Licht war. Jungen und Mädchen, denen es nicht gut ging, weil in ihren Familien große Armut herrschte. Oft gerieten die Jugendlichen auf die schiefe Bahn und wurden kriminell. Diesen jungen Leuten wollte er das Licht bringen. Ihm war es wichtig, die Lebensverhältnisse der Jungen und Mädchen, die er später ebenfalls aufnahm, zu verändern und ihnen eine Zukunft zu bieten. Aber er wusste, dass es eine helle dauerhafte Hoffnung nicht ohne Jesus gibt. Dazu wollte er die Jugendlichen bringen, zu einer Hoffnung, die nicht durch die Dunkelheit besiegt werden kann.

2. Gott lässt es durch Jesus hell werden

In Johannes 1,5 heißt es über Jesus: „Er ist das Licht, das die Finsternis durchbricht, und die Finsternis konnte dieses Licht nicht besiegen."
Als die erste Kerze in unseren Saal getragen wurde, war es nicht mehr ganz dunkel. Schon eine Kerze zeigt, dass Licht die Finsternis besiegt.
Als Jesus in diese Welt kam und dann für sie am Kreuz starb, hat er die Finsternis ein für alle Mal überwunden. Nichts kann mehr so dunkel sein wie vorher.
Deshalb ist das Licht ein Zeichen für Jesus, deshalb freuen wir uns mit jeder angezündeten Kerze darüber, dass sich der Sohn Gottes auf die Erde getraut hat.

Wichern war es so wichtig, dass die Jungen in seinem Rettungshaus ihre dunkle Vergangenheit vergessen und verstehen, wer ihr Leben hell machen kann. Deshalb kam er auf die Idee mit dem Adventskranz.

(Wenn Sie mögen, können Sie die Kinder auf die folgenden Fragen antworten lassen, es können natürlich andere Antworten kommen, und Ihre Spontaneität ist gefragt.)

Wer weiß noch, wie viele Kerzen auf diesem Adventskranz waren?
(19 rote und vier weiße. Die weißen standen für die Adventssonntage.)
Worauf wurden die Kerzen befestigt?
(Auf einem Holzrad, das den Durchmesser von einem Meter hatte.)
Könnt ihr euch denken, warum er bei den Kerzen die Farbe Rot gewählt hat? Rot steht für Liebe, und damit wollte Wichern deutlich machen, dass Gott die Menschen unheimlich lieb hat. Er liebt sie so sehr, dass er auf seinen Sohn verzichtet und ihn als Licht auf die Erde schickt.

Der Leiter des Rauhen Hauses hat die weißen Kerzen nicht nebeneinander gestellt, sondern immer zwei gegenüber. Auch damit wollte er etwas Bestimmtes verdeutlichen. Die Kerzen stehen immer in einem Viertel des Kreises. Wenn man sich einen Kompass vorstellt, dann zeigen sie nach Norden, Osten, Süden und Westen. Jesus will die ganze Welt erhellen. Seine gute Botschaft gilt allen Menschen, ob sie in Norwegen oder Italien leben, in Deutschland oder Polen.

Er will auch dein Leben hell machen. Keiner kann sagen, es gilt mir nicht. Auch für dich kam Jesus auf die Erde. Auch für deine dunklen Stellen in deinem Leben. Er hat sie am Kreuz auf sich genommen. Er will sie mit seinem Licht bescheinen und vergeben und neu ordnen, wie bei den Kindern im Rettungshaus. Alles, was du in sein Licht stellst, alles, was du ihm sagst, alles, für das du ihn um Vergebung bittest, ist vergessen für alle Zeiten. Es darf wieder hell werden in deinem Leben.

Und wenn du in diesen Tagen den Adventskranz siehst mit den vier Kerzen, dann erzählen die Kerzen von Jesus, dem Licht der Welt.

Sie erinnern dich daran, dass Jesus auch für das Dunkle deines Lebens und Herzens in diese Welt gekommen ist. Und wenn du eine Kerze anzündest, dann darfst du Gott von Herzen „danke" sagen, dass ihm

sein Sohn nicht zu schade war für diese Welt. Du darfst ihm „danke"
sagen, dafür, dass er dich liebt und mit dir jeden Menschen, der auf
dieser Erde lebt.

6. LIED

„Es wird nicht immer dunkel sein" (Feiert Jesus 2, Nr. 245)

7. SEGEN

Jesus, das Licht dieser Welt, scheine in und durch dein Leben. Er er-
leuchte deinen Alltag und gebe dir den Durchblick, wenn alles dunkel
erscheint.
Der Herr zeige dir auf dunklen Wegstrecken seine Helligkeit, sodass er
die Sonne deines Lebens ist, die dich wärmt und dich wachsen lässt.
Er sende dir sein Wort, damit es licht auf deinem Weg ist und dir deine
Dunkelheiten zeigt, damit er sie erhellen kann.
Er befähige dich, dass auch du anderen eine Lichtquelle sein kannst.
So segne dich der Herr, der dein Licht, deine Sonne und dein Retter sein
will. Amen.

■ ■ ■

MATERIAL

- Für den Lichtertanz: große Kerze, Teelichter und flache Marmeladen-
  gläser
- CD mit adventlichem Instrumentalstück
- Großer Holzring, darauf befestigt (mit Christbaumkerzenhaltern)
  19 rote und vier weiße Kerzen
- Zwischen den Kerzen evtl. Tannengrün (Wichern hat allerdings erst
  nach einigen Jahren Tannengrün verwendet)

Das Hoffnungskind
Weihnachtsgottesdienst

■ **Zielgedanke:** Gott möchte, dass wir persönlich auf das Kommen Jesu in diese Welt reagieren. Er will uns durch Jesus Frieden schenken.

1. BEGRÜSSUNG UND GEBET

Moderation: Im Mittelpunkt dieses Gottesdienstes steht ein Theaterstück. Die zahlreichen Mitwirkenden kommen aus unserer Gemeinde. *(Die gemeinsamen Lieder wurden in das Stück eingebaut, und die Gemeinde ist eingeladen mitzusingen.)*

Vorüberlegungen zu der Spielszene:
Das Stück „Hoffnungskind" wurde so konzipiert, dass möglichst viele Menschen aus der Gemeinde mitspielen können. Die Zahl der Darsteller kann aber problemlos durch Doppelbesetzungen verringert, oder in der letzten Szene durch den Einbau weiterer Mitspieler erhöht werden. Lassen Sie Ihrer Fantasie freien Lauf!
Der Blick auf die Weihnachtsgeschichte geschieht schwerpunktmäßig durch Kinderaugen. Doch die spannende Seite ist, dass junge und ältere Personen mitwirken können. Auch Teenies können in der letzten Szene, die auf sie zugeschnitten ist, mithelfen.
Die Spielszene arbeitet bewusst mit Brechungen, die das Ziel haben, von der Lieblichkeit des Weihnachtsfestes wegzulenken auf den Anspruch des Geschehens hin:
• Soll das Kind in der Krippe in meinem Leben eine Rolle spielen?
• Ist Bethlehem heute noch relevant?
Die wichtige Frage, wie es mit dem Hoffnungskind weitergeht, wird durch das Lied am Schluss der Darstellung aufgegriffen.
Wenn es einen Chor in der Gemeinde gibt, kann er die Lieder vortragen.
Wenn Sie keinen Chor einsetzen können, dann ist es möglich, die Spielszenen durch gemeinsam gesungene Lieder einzurahmen.

Der Stall wird mit Gerüsten und Stoffbahnen angedeutet. Man muss aber in ihn hineingehen können, und die Umrisse für ein Fenster sollten zu sehen sein *(Achtung: die vielen Personen der letzten Szene müssen Platz finden!).*
Für das Stück muss im Stall eigentlich keine Krippe stehen, da während der Aufführung kein Blick in das Innere gewährt wird.
(In unserer Gemeinde war allerdings ein kleines Mädchen sehr enttäuscht, als es am Ende des Gottesdienstes einen Blick auf die Krippe werfen wollte, aber nichts entdecken konnte. Daher würde ich heute eine Krippe mit einem Licht oder Ähnlichem aufstellen. Kinder werden kommen und schauen, ob es sich lohnt, in den Stall zu gehen.)

Mitspieler:
Frauen: Mutter im Gedränge von Bethlehem, Ruth (Mutter), moderne Frau mit Handy.
Männer: Zwei Soldaten, Juda (Vater und Gastwirt), Hirte.
Mädchen: Sara, Mädchen in Bethlehem (evtl. Mädchen in der Familie), Mädchen von heute.
Jungen: Ruben (viel Text), zwei Jungen in Bethlehem (evtl. Junge in der Familie), Daniel, zwei Hirten, zwei Rapper.

2. Spielszene – Das Hoffnungskind
1. Szene: Bethlehem zur Zeit der römischen Besatzung
Zwei Kinder (Ruben und Sara) sitzen auf der Straße und spielen mit Steinen ein Spiel. Während sie fröhlich vor sich hin spielen, kommen von hinten römische Soldaten im Marschierschritt und sprechen den Jungen Ruben an.
1. Soldat: Hey, Bengel, ja du, komm mal her. Hier *(zeigt auf einen Korb mit Feigen, der auf der Straße steht),* nimm diesen Korb voll mit Feigen. Ich will, dass du sie trägst! Sie sind für den Centurio bestimmt. Los, beweg dich!
Ruben: Aber ich muss gleich nach Hause, meine Eltern erwarten mich zum Essen.
Sara: Ja, es stimmt, was mein Bruder sagt.

2. Soldat *(zu Ruben):* Wirst du wohl tun, was man dir sagt! Oder willst du mit der Peitsche Bekanntschaft machen?

Ruben *(flüsternd):* Sara, sag schnell den Eltern Bescheid. Nun lauf schon.

(Ruben hebt den Korb hoch, da versetzt ihm einer der Soldaten einen Stoß, dass der Korb umkippt und die Feigen in den Schmutz fallen.)

1. Soldat: Das hast du absichtlich gemacht. Dir werde ich es zeigen!

Ruben: Bitte, tut mir nichts. Das wollte ich nicht.

(Die Soldaten ziehen Ruben eins über und nehmen ihn zwischen sich.)

2. Soldat: Wer ist dein Vater? Sprich, wir bekommen es sowieso heraus. Er wird dafür büßen, dass er solch einen missratenen Sohn hat.

Ruben: Bitte, schlagt mich nicht mehr! Mein Vater ist der Wirt Juda. Hier ganz in der Nähe ist unser Gasthaus.

1. Soldat *(etwas beschwichtigt):* Die Taverne kenne ich. Los, ab mit dir.

(Der Wirt Juda kommt den Soldaten und seinem Sohn entgegen.)

Juda: Meine Herren, meine Herren, bitte beruhigen Sie sich. Was hat mein unnützer Sohn denn angestellt? Verzeiht diesem Kind und denkt an sein jugendliches Alter.

2. Soldat: Dein Sohn, Juda? Er hat die Feigen, die für unseren Hauptmann bestimmt waren, absichtlich in den Schlamm geworfen. Nun sind sie verdorben. Dafür muss er bezahlen.

Juda: Oh, ich bin in der Lage euch den Kaufpreis zu erstatten. Bitte nehmt diesen Denar und geht und kauft neue Feigen. Bitte vergebt meinem Jungen. Ich werde ihn zu Hause noch zurechtweisen.

1. Soldat *(schaut sich lächelnd die Münze an):*
Wir werden noch mal ein Auge zudrücken. Aber gib' Acht: Wenn ich deinen Sohn noch einmal bei einer Schandtat erwische, dann ist er dran und du mit ihm!

(Die Soldaten gehen ab.)

Ruben: Vater, die Früchte konnte man noch gebrauchen, und mit dem Geld, das du ihnen gegeben hast, kann man sich zehn Körbe voll mit Feigen kaufen. Außerdem habe ich die Früchte nicht absichtlich umgeworfen, einer der Soldaten hat mir einen Stoß versetzt.

Juda: Ich weiß, mein Junge. Aber in Zeiten wie diesen muss man auf der Hut sein. Wir dürfen den Soldaten keinen Anlass bieten, uns vor Gericht zu stellen. Man darf nie vergessen, wer im Land das Sagen hat.

2. Szene: Bei Ruben und Sara zu Hause

(evtl. sitzen noch kleinere Kinder mit am Tisch [Elias, Aaron, Miriam] Mutter Ruth, Vater Juda.)

Ruth: Das ist ja noch einmal gut gegangen! Ruben, du musst vorsichtig sein, mit den Römern ist nicht zu spaßen. Wie gut, Juda, dass du in der Nähe warst.

Ruben: Es ist ungerecht! Es ist einfach nur ungerecht! Ich hab überhaupt nichts gemacht, und die Soldaten treiben ihr Spiel mit uns.

Juda: Es sind gefährliche Zeiten für uns Juden, und dann auch noch die Belastung durch die Steuern des römischen Kaisers. Wie gut, dass wir das Wirtshaus haben. So geht es uns noch viel besser als den meisten unserer Landsleute.

Kind: Aber so kann es doch nicht weitergehen. Viele meiner Freunde/ Freundinnen haben Angst vor den Soldaten.

Juda: Es wird nicht immer so bleiben. Unser Gott wird einen Retter schicken, einen, der uns von den Römern und aller Unterdrückung befreien wird. Er wird bestimmt mit einem riesigen Heer die Soldaten aus Israel vertreiben. Wir sind das Volk Gottes, und er wird für uns sorgen.

Ruth: Meinst du wirklich, Juda, dass der Erlöser Gottes mit Waffengewalt kommen wird? Denkst du nicht, dass dann wieder eine neue Schreckensherrschaft entsteht?

Kind: Aber wie soll Gott denn sonst die Welt verändern?

Ruth: Ist das Problem des Menschen nicht sein menschliches Herz? Ist es nicht auch der Unfriede in uns, der zum Unfrieden unter den Menschen führt?
Ich denke, der König Gottes wird anders sein. Ihm muss es gelingen, das Herz der Menschen zu verändern.

Vater: Und ich denke: Frauen verstehen nichts davon.

(Ruth guckt erstaunt)

Kind: Wann wird er kommen, der Messias? Schon lange habt ihr uns von ihm erzählt, aber es hat sich immer noch nichts verändert.

Vater: Schon unsere Vorfahren haben von dem Retter gesprochen. Ich gebe zu, manchmal bin ich auch ungeduldig, aber man darf die Hoffnung nicht aufgeben.

Ruth: Ja, die Hoffnung trägt uns durch diese schweren Zeiten. Ich bin gespannt, wie und wann der Messias kommt. Irgendwann ist die Zeit reif, und dann wird er da sein. Vielleicht ganz anders, als du *(zeigt auf Juda)* es erwartest.

Chor: „Gib mir lichteshelle Lieder" von Werner Artur Hoffmann (Wag den Sprung, Nr. 19, Musikverlag Klaus Gerth – Chornoten bei Gerth Medien zu bestellen)

3. Szene: Gedränge in Bethlehem

Neben den Darstellern der Leute von Bethlehem (in passenden Gewändern) sind dort auch Menschen aus unserer Zeit unterwegs. (Personen mit Geschenken und Plastiktüten, eine Frau mit Aktentasche und Handy, die sich von dem Gedränge löst und deutlich ins Handy spricht: „Natürlich bin ich rechtzeitig zum Treffen zurück, ich muss nur eben noch das Weihnachtsgeschenk für den Chef besorgen …", und andere.)
Das Gedränge lässt sich gut darstellen, indem nur ein kleiner Teil der Bühne genutzt wird, auf dem sich viele Menschen hin und her bewegen. Sie schlängeln sich durch die Menge, stoßen evtl. auch andere an. An dieser Stelle können sehr gut kleinere Kinder an der Hand mitmachen, und auch ältere Leute dürfen sich einbringen.
Sara und Ruben am Rand des Geschehens betrachten erstaunt das bunte Treiben.
Sara: Was ist denn hier los? Hast du schon einmal solch einen Trubel in Bethlehem erlebt?
Ruben: Wie viele Menschen werden das wohl sein?
Sara *(zuckt mit den Schultern und spricht dann ein Kind an):* Hallo, du. Dich habe ich hier noch nie gesehen. Wo kommst du denn her?
Mädchen/Junge: Aus Kana, in Galiläa.
Ruben: Puh, wo ist das denn?
Mädchen/Junge: Acht Tagesreisen von hier.
Sara: Und was wollt ihr hier in Bethlehem? Und all die anderen, kommen die auch aus Kana?
Mädchen/Junge: Nein, sie kommen aus anderen Teilen der Provinz Syrien. Aber alle, die hier sind, haben etwas mit Bethlehem zu tun: Unsere Eltern stammen aus dieser Stadt.

Frau *(zieht Mädchen weg)*: Komm schon, wir müssen noch eine Unterkunft suchen.

Ruben *(spricht zwei Jungen an)*: Wieso seid ihr denn nach Bethlehem gekommen?

Junge 1: Hast du nicht gehört, dass der Kaiser Augustus den Befehl gegeben hat, dass jeder in seine Geburtsstadt reisen muss, um sich dort in Listen eintragen zu lassen? Er will überprüfen, ob alle ihre Steuern bezahlen – wieder so eine verrückte römische Idee.

Ruben: Das sieht sehr nach Schikane aus.

Junge 2: Wir kommen übrigens aus Seba und sind schon seit vier Tagen unterwegs. Jetzt hoffe ich, dass wir ein trockenes Plätzchen finden, wo wir schlafen können. Das ist im Moment nämlich gar nicht so einfach.

Junge 1: Seht ihr dort hinten die Frau? Sie ist hochschwanger, aber keiner hat ihr eine Unterkunft gegeben. Sieht sie nicht schon ganz elend aus? Aber heute, wo alle Welt auf den Beinen ist, ist es sehr schwierig, etwas Passendes zu finden.

Junge 2: Na ja, hoffentlich haben wir mehr Glück. Tschüss, wir müssen los.

Sara: Hast du das gehört? Die arme Frau, schwanger, und sie weiß nicht, wo sie schlafen kann. Sie kann doch nicht ihr Kind hier auf der Straße zur Welt bringen. Vielleicht kann unser Vater ihr noch irgendwo in unserem Gasthaus einen Platz geben.

Chor: „Jahr um Jahr gewartet, auf den, der kommen soll" (Feiert Jesus 2, Nr. 230)

4. Szene: Holzstall (nur von außen)
Dunkelheit: zwei Kinder (Ruben und Daniel) schleichen über die Bühne an den Stall heran.

Ruben *(winkt)*: Komm schon, Daniel! Hier ist es.

Daniel: Was willst du mir denn zeigen? Ich begreife nicht, was an einem Stall so Besonderes sein soll.

Ruben: Hier hat mein Vater die Leute untergebracht, du weißt schon, den Mann mit der Frau, die in anderen Umständen ist.

Daniel: Was denn für Umstände, Ruben?

Ruben: Na ja, sie erwartet ein Baby. Das Kind soll wohl bald zur Welt kommen.

Daniel: Was, und da hat sie nur noch einen Platz in eurem Stall bekommen?

Ruben: Ach, da war eben nichts mehr bei uns frei. Du weißt doch, es sind unheimlich viele Menschen hier in der Stadt, und als wir von der Frau gehört haben, war in unserem Gasthaus schon alles belegt. Mein Vater konnte doch nicht wegen dieser Fremden andere Gäste rauswerfen.

(Evtl. leises Babyweinen einspielen)

Daniel: Mensch, hast du das gehört? Man könnte fast denken ... ja klar, das ist Kinderweinen. Das ist ja ein Ding! Es scheint, als ob das Baby schon geboren ist.

Ruben: Wirklich, du hast Recht, ich höre es auch. Komm, lass uns mal am Fenster gucken.

(Die Jungen schleichen zum Stallfenster und schauen hinein.)

Ruben: Ist das Baby klein! Es kann aber schon kräftig schreien. *(erstaunt)* Nein, das gibt es ja gar nicht! Schau mal selbst: Sie haben es in eine Futterkrippe gelegt.

Daniel: Na, ob das ein guter Platz für ein kleines Kind ist? Das ist doch sehr hart, und das Stroh piekst bestimmt auch.

Ruben: Ja, aber wo sollten sie es denn sonst hinlegen?

Daniel: In eurem Gasthaus hätten sie es bequemer gehabt.

Ruben: Das ist mir auch schon aufgefallen. (...) Du, hörst du das? Da kommen Leute.

Daniel *(verächtlich):* Oh nein, Hirten! Was wollen die denn hier? Los, versteck dich, mit denen will ich nichts zu tun haben.

Hirtenchor: Anbetungslied, z. B. „Kind in der Krippe, wir beten dich an" (Du bist Herr – Kids, Nr. 125) oder:
„Unser Heiland ist nun da" (Ich will dir danken, Nr. 149; Gemeinschaftsliederbuch, Nr. 76)

Ruben: Hast du das gehört? Hast du das gesehen? Die haben ja das Kind angebetet. Was haben sie gesagt? Ich werde sie fragen, was es mit diesem Baby auf sich hat.

Daniel: Muss das sein?

Ruben *(spricht zwei Hirtenjungen an, die halb in der Türe stehen):* Wie kommt es, dass ihr hier seid, und wieso ehrt ihr dieses Kind wie einen König?

Hirtenjunge 1: Du wirst nicht glauben, was wir erlebt haben. Weit draußen waren wir, es war richtig dunkel, und einige von den Männern waren schon eingeschlafen. Es war ein harter Tag gewesen, viele von uns waren wirklich erschöpft. Ich konnte aber nicht einschlafen. Unruhig wälzte ich mich hin und her.

Daniel: Nun komm mal auf den Punkt!

Hirtenjunge 1 *(unwillig):* Ja doch. Dann sahen wir dieses helle Licht am Himmel: Da war ein Engel!

Daniel *(ungläubig):* Was erzählst du da?

Ruben: Nun lass ihn doch.

Hirtenjunge 2: Und er sagte: Habt keine Angst! Ich habe eine große Freudenbotschaft für euch und das ganze Volk. Heute ist für euch der Retter geboren worden in der Stadt Davids.

Daniel: Und dann?

Hirtenjunge 2: Und dann sagte er noch, dass er in Windeln gewickelt und in einer Futterkrippe liegen würde. Aber das war noch nicht alles.

Ruben: Nun sag schon!

Hirtenjunge 1: Plötzlich war ein Leuchten und Strahlen am ganzen Himmel, der Himmel voller Engel, so weit das Auge reicht, und dann sangen sie von Gottes Herrlichkeit und seinem Frieden.

Chor: „Hört der Engel helle Lieder" (Gemeinschaftsliederbuch, Nr. 58; EG, Nr. 54)

Ruben *(spricht einen Hirten an):* Glaubst du etwa auch, dass dieses Kind wirklich der Messias ist, den Gott uns schon so lange versprochen hat?

Hirte: Ja, mein Junge. Das haben uns die Engel so erklärt. Wir können gar nicht anders, als darüber zu staunen und dieses Kind, den Christus, anzubeten.

Daniel: Na, ich weiß nicht. Warum sollten die Engel ausgerechnet euch Hirten – entschuldige bitte, aber ist doch wahr – so eine unglaubliche Nachricht mitteilen? Hier im Ort ahnt jedenfalls keiner etwas davon.

Hirte: Das weiß ich auch nicht, aber es macht mich glücklich und froh. Und ich werde jedem erzählen, was in dieser Nacht geschehen ist. Kommt doch mit zum Kind und lobt Gott für dieses große Wunder.

Kanon: „Lobe den Herrn, meine Seele" (Feiert Jesus 1, Nr. 6)

5. Szene: Familie sitzt am Tisch

Juda: Nein, das kann ich nicht glauben: Der Messias soll ein kleines Baby sein? Das kann nicht stimmen. Weißt du, ich glaube, die Hirten haben euch veräppelt. Sie nehmen es ja sowieso mit der Wahrheit nicht so genau. Der große Gott wird sich nicht so erniedrigen und seinen Retter als Kind schicken.

Ruben: Ich glaube nicht, dass die Hirten gelogen haben. Sie waren noch so erfüllt von diesem Erlebnis, und ihr Staunen und ihre Freude wirkten echt. Das können sie gar nicht gespielt haben.

Juda: Es kann trotzdem nicht wahr sein, so erwartet keiner den Messias. Dann haben die Männer eben nicht richtig hingehört: In Windeln gewickelt, in einer Futterkrippe ... Nein, nie im Leben!

Kind: Und du, Mutter? Wie denkst du darüber?

Ruth: Es klingt sonderbar, aber je länger ich darüber nachdenke, umso sympathischer ist mir der Gedanke, dass Gott in einem Kind auf diese Welt kommt. Schau, als ihr geboren wurdet, wart ihr für uns ein Hoffnungszeichen. Wie viel mehr ist ein Kind, das Gott schickt, ein Zeichen der Hoffnung dafür, dass er die Menschen liebt und ihnen eine Zukunft gibt?

Sara: Aber ein Baby ist doch so hilflos. Wie kann Gott durch ein so kleines Kind die Welt retten?

Juda: Genau, das ist die große Frage.

Ruth: Ich weiß es auch nicht, aber ich ahne, dass er noch vieles mit ihm vorhat. Was haben die Engel den Hirten gesungen? Er wird den Menschen Frieden bringen. Und ich gehe jetzt und werde ihn anbeten, genau wie die Hirten. Und dann werde ich gespannt verfolgen, was aus dem kleinen Jungen wird.

Juda: Macht was ihr wollt. Ich werde auf das Geschwätz der Hirten nicht hereinfallen.

Kind: Ich komme mit, Mutter. Ich will auch das Kind sehen.

Sara: Ich auch, ich muss mich selbst davon überzeugen, ob es stimmt, was die Hirten erzählt haben.

6. Szene

Diese Szene wird frei gestaltet. Durch das Einspielen von moderner Musik (Rap o. ä.) und/oder den Einsatz farbiger Lichtkegel wird deutlich, dass es einen Bruch in der Darstellung und der Geschichte gibt, der bereits in der Szene von Bethlehem angedeutet wurde.

Zur Musik kommen zwei junge Mädchen auf die Bühne. Sie tanzen ein wenig dazu und entdecken dann den Stall.

Mädchen 1: Hey, guck mal, hast du das gesehen? Komm doch, lass uns einfach hineingehen.

(Beide verschwinden in dem Stall. Zwei Rapper haben die Mädchen beobachtet.)

Rapper 1: Hast du die gesehen? Wo sind sie denn jetzt?

Rapper 2: Keinen Plan.

Rapper 1: Ich guck mir das genauer an. Komm mit, Alter.

Rapper 2: Hab keinen Bock.

(Er dreht sich um und verschwindet, während der Erste, wie die Mädchen, durch die Tür zur Krippe geht.)

Die Karrierefrau: *(geht erst hektisch auf den Stall zu, doch wendet sich ab)* Für so was habe ich keine Zeit.

Ein Maler: *(in Arbeitskleidung kommt nach vorn)* In einen Stall bringen mich keine zehn Pferde, ich erniedrige mich doch nicht.

Dame: *(festlich gekleidet, entscheidet sich hineinzugehen)* Doch, interessieren würde mich das schon, was dieser Stall für eine Bedeutung hat.

7. Szene: Gespräch im Publikum
Person 1: *(zwischen den Gottesdienstbesuchern)* Weißt du was, ich gehöre auch dort zur Krippe! ... Ich muss los.
Gesprächspartner: Du kannst doch jetzt nicht aufstehen und nach vorne laufen! Was sollen denn die Leute denken?
Person 1: Das ist mir ganz egal. Ich muss einfach dorthin.
Chor: „Herr der Herrlichkeit" (kann bei Gerth Medien als Liedblätter für Chor bestellt werden)
„Gott wurde arm für uns" (Feiert Jesus 2, Nr. 83)

3. ANDACHT – DAS HOFFNUNGSKIND
Sie gehen in den Stall, oder sie gehen doch nicht in den Stall.
Sie beten an oder sie telefonieren mit dem Handy und gehen weiter.
Wie gehen wir mit dem Kind im Stall um?
In dieser Geschichte kommen ja auch wir vor, du und ich!
Welchen Platz würdest du gern einnehmen?
  • Eintauchen ins Gewühl?
  • Skeptisch von Weitem beobachten?
  • In den Stall hineinschauen?
  • Peinlich berührt sitzen bleiben?
Was ist mir bei dem Stück wichtig geworden?

1. Gott möchte, dass wir persönlich für uns annehmen, dass er uns liebt!
Gott hat uns angenommen, deshalb hat er Jesus zu uns gesandt. Aber glaubst du das, ganz für dich persönlich? Angenommen, das alles ist nur ein frommes Märchen, dann hat das Ganze nur eine romantische Bedeutung für dich. Aber wenn es wahr ist, dann kann es dein Leben verändern, wenn du es annimmst und daran glaubst.
  • Gott ist für dich klein geworden, der du so skeptisch bist.
  • Gott kommt zu dir, der du viel zu beschäftigt bist.
  • Gott liebt dich, die du im Teenageralter bist und dich mit Selbstzweifeln herumschlägst.
  • Wer du auch bist und in welcher Lage du im Moment lebst: Gott hat seinen Sohn Jesus Christus aus Liebe zu dir in diese Welt geschickt.

Deshalb: Nimm Gottes Liebe an! Wie? Durch ein Gebet: „Danke, dass du auch für mich in diese Welt gekommen bist!"

2. Gott möchte, dass wir Menschen des Friedens werden

Wie hat es Ruth gesagt?: „Ist das Problem des Menschen nicht sein menschliches Herz? Ist es nicht auch der Unfriede in uns, der zum Unfrieden unter den Menschen führt? Ich denke, der König Gottes wird anders sein. Ihm muss es gelingen, das Herz der Menschen zu verändern."
Tatsächlich ist Jesus der Einzige, der unser Herz verändern kann.
„Ein Kind ist uns geboren, der künftige König ist uns geschenkt! Und das sind die Ehrennamen, die ihm gegeben werden: Umsichtiger Herrscher, mächtiger Held, ewiger Vater, Friedensfürst. Seine Macht wird weit reichen, und dauerhafter Friede wird einkehren." (Jesaja 9,5)
An Weihnachten erwarten wir viel
• von den Geschenken
• von Menschen
• vom Essen
• von der Atmosphäre.
Wir erwarten viel zu viel von äußeren Dingen, Menschen oder Umständen. Wir erwarten viel zu wenig von Jesus!
Weil das Hoffnungskind zum Mann am Kreuz wurde und der Mann am Kreuz zum auferstandenen Herrn Jesus Christus, deshalb kannst du von Jesus viel erwarten. Zum Beispiel, dass der Friede, der für alle noch aussteht, dennoch bereits im Kleinen bei dir beginnen kann.
Es gibt zwei kurze Sätze, die sind so selten geworden, dass sie bald ins Museum kommen. Aber sie sind so kostbar, dass wir sie uns schenken sollten. Nicht nur an Weihnachten, sondern auch danach. Sie heißen:
• Bitte vergib mir!
• Ich danke dir!
Friede beginnt in uns, wenn wir zu Jesus beten und ihm sagen: „Bitte vergib mir!" und dann: „Ich danke dir!"
Friede unter uns beginnt, wenn wir unseren Stolz aufgeben und uns einander diese Sätze schenken: „Bitte vergib mir" und „Ich danke dir".
Das Hoffnungskind wird uns dabei helfen, denn es wurde zum Friedensfürst Jesus Christus. Amen

4. Gebet

5. Danksagung
Der Moderator sollte sich bei allen Mitspielern und dem Chor bedanken. Vorschlag: An alle Mitwirkenden wird ein kleines Geschenk überreicht, z. B. eine Rose.

6. Lied
„O du fröhliche" (Gemeinschaftsliederbuch, Nr. 68)

7. Verabschiedung

■ ■ ■

Material
Bühnenbild:
- Stall aus Tüchern
- Evtl. Krippe
- Tisch mit Stühlen

Requisiten:
- Steine
- Korb mit Feigen
- Krug mit Bechern auf dem Tisch
- Handy
- Diverse Einkaufstaschen usw.
- Eventuell aufgenommenes Babyweinen

Kostüme:
- Gewänder für die jüdischen Darsteller
- Soldatenrüstung für die römischen Soldaten (gebastelt oder im Theater geliehen)
- Felle, Stöcke, Kopftücher, Hüte usw. für die Hirten

- Moderne Kleidung für die Karrierefrau und einige Personen in der Stadt
- Festliche Bekleidung
- Maleranzug
- Coole Klamotten für die Rapper

Ratgeber für Mitarbeiter in der Gemeinde

Mike Breen & Walt Kallestad
**Leidenschaftlich glauben,
Jüngerschaft vertiefen**
8 Impulse zum geistlichen Wachstum
ISBN 978-3-86122-964-3
192 Seiten, Paperback

Wie kann mein Glaube an Leidenschaft gewinnen?
Mit acht einprägsamen „Verkehrszeichen" markieren die Autoren
dieses Buches den Weg der Jüngerschaft aus dem Dschungel der
Gefühle in eine erfüllende Gottesbeziehung.

*Die eindeutigen Wahrheiten dieses Buches rücken ein Leben voller Leiden-
schaft für Gott mitten in den Bereich des Möglichen.*
Bill Hybels, Willow Creek Community

Storch
Das Predigerseminar
Ein Arbeitsbuch
ISBN 978-3-86122-969-8
128 Seiten, Paperback

Das Predigerseminar – ein Arbeitsbuch für alle, die mehr über das
Thema Predigt lernen wollen. Leicht verständlich und anschaulich
kurz gelingt es Storch, die Grundlagen der Predigtlehre
zu kommunizieren.
Wie bereite ich eine Predigt vor? Worauf kommt es an?
Wie baue ich eine Predigt auf?
Dies sind nur einige der vielen Fragen, auf die dieses Arbeitsbuch eine
Antwort bietet.
Für Prediger, solche, die es werden wollen und alle, die sich nicht
sicher sind, ob sie die Gabe des Predigens haben

*Ein interessantes Buch mit vielen Impulsen zum Thema
Verkündigung im Gemeindedienst.*

André Wilkes
Traumdiebe
Lass dir nicht wegnehmen,
was Gott dir ins Herz gibt!
ISBN 978-3-86122-965-0
160 Seiten, gebunden

Wir alle hatten einmal Träume. Doch wo sind sie geblieben?
Wer hat sie gestohlen?
André Wilkes zeigt in diesem Buch, warum wir unsere Träume
festhalten und sie verfolgen sollten. Träume motivieren, geben Ziele
vor und führen uns über uns hinaus. Sie zeigen uns Bedürfnisse und
ermutigen uns zum Wachstum.
Lernen Sie die sechs verschiedenen Traumdiebe zu unterscheiden und
lassen Sie sich einladen, über existentielle Fragen nachzudenken:
Welches sind meine verlorenen Träume? Was stört mein Vertrauen zu
Gott? Warum habe ich Angst, meinem Traum zu folgen? Wo be-
stimmen andere über mein Leben? Welche Schuld kann ich mir
nicht vergeben? Wo verliere ich mich in Übersteigerungen?
Und schließlich – lassen Sie sich Mut machen,
auf Gottes Stimme zu hören!

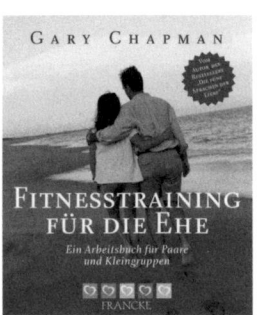

Gary Chapman
Fitnesstraining für die Ehe
Ein Arbeitsbuch für Paare und Kleingruppen
ISBN 978-3-86122-961-2
160 Seiten, Paperback

Die Ehe ist die intimste Verbindung, die zwei Menschen
miteinander eingehen können. Diese Erfahrung jedoch bleibt
für viele Paare ein Traumziel.
Für Sie aber muss dieses Ziel kein Traum bleiben!
Weitaus mehr als ein trockenes Studienbuch, öffnet Ihnen
„Fitnesstraining für die Ehe" zunächst die Türen zu einem erfüllten
Leben in enger Verbindung mit Gott. Und in dem Maß,
wie diese Beziehung sich vertieft, werden Sie auch Ihre Ehe
voranbringen, indem Sie lernen ...

- zu verstehen und Verständnis zu suchen,
- Liebe auszudrücken,
- mit Ärger umzugehen,
- Konflikte zu lösen.

Superpraktisch:
Mit zahlreichen Fragen, Bibelstellen zum Selbststudium, Gesprächs-
anstößen, Übungsaufgaben, Merkversen, Persönlichkeitstests und
„Lernerfolgskontrollen".

Martin Grabe
Lebenskunst Vergebung
Befreiender Umgang mit Verletzungen
ISBN 978-3-86122-962-9
192 Seiten, gebunden

Kaum etwas kann befreiender sein als richtig verstandene Vergebung.
Wer von anderen Menschen verletzt wird, gerät leicht in einen Kreis-
lauf negativer Gedanken hinein. Das kann ihm auf Dauer größeren
Schaden zufügen als das eigentliche Unrecht.
Dieses Buch zeigt ganz praktisch, wie es einem Betroffenen gelingen
kann, mit Verletzungen umzugehen und sie loszulassen. Die geschil-
derten Wege der Vergebung haben sich in Psychotherapie und
Seelsorge vielfach bewährt.

Ein Handbuch für Betroffene, Therapeuten und Seelsorger.

Martin Grabe
Zeitkrankheit Burnout
ISBN 978-3-86122-780-9
96 Seiten, gebunden

Burnout – eine Zeiterscheinung auf dem Weg zur Volkskrankheit. Meistens betrifft sie den, der nicht damit gerechnet hätte – vor lauter Überbeschäftigung. Gerade die Idealisten, die sich voller Verantwortungsgefühl in die Arbeit stürzen, sind besonders gefährdet.

Wie läuft diese Störung ab, wie erkennt man Frühsymptome und wie betreibt man sinnvoll Vorsorge für sich und andere? Lebenswichtige Informationen für Sie, denn Bournout ist nicht irgendeine Krankheit. Unsere Gesundheits- und Lebensorganisation als Ganzes steht zur Debatte – es lohnt sich, etwas Zeit in dieses Thema zu investieren!

Jörg Berger
Ein loderndes Feuer
*Frauen, Männer und das Wagnis
der Intimität*
ISBN 978-3-86122-963-6
176 Seiten, gebunden

Das sexuelle Getöse in unseren Medien hat uns mehr als genug *Wissen*
zum Thema Sexualität gebracht.
Doch verstehen wir sie auch?
Welche Sehnsüchte verbergen sich hinter unseren sexuellen Wünschen
und wie stillen wir sie?
Wie finden wir Kontakt zu unseren sexuellen Kräften, ohne die
Kontrolle über sie zu verlieren?
Wie entfachen wir eine Paarbeziehung, deren Erotik auch mit den
Jahren nicht erlischt?
Jörg Berger lädt den Leser auf eine Entdeckungsreise ein. Er führt ihn
an den Abgründen der Sexualität vorbei, begleitet ihn durch die
Niederungen des weiblichen und männlichen Alltags und zeigt ihm
den Gipfel einer sexuell erfüllenden Partnerschaft, den Lebensraum, in
dem die sexuelle Energie dem persönlichen und
geistlichen Wachstum dienen kann.

Klaus Meiß
Spuren des lebendigen Gottes
Band 1: Geschichte der Alten Kirche
ISBN 978-3-86122-966-7
192 Seiten, Paperback

Diese Kirchengeschichte nimmt den Leser mit auf eine Spurensuche: Ausgehend von den biblischen Berichten gibt Band 1 einen Überblick über die Anfänge der Christenheit in 8 Längsschnitten:

1. Einführung in das Zeitalter: *Alte Kirche*
2. Aufbruch und Nachfolge: *Von der Jesus-Bewegung zur Kirche*
3. Mission: *Glaube überschreitet Grenzen*
4. Verfolgung und Sieg: *Blutzeugen, Bekenner, Konjunkturchristen*
5. Spiritualität: *Nähe und Distanz*
6. Diakonie: *Leben als Dienen*
7. Theologie: *Wahrheit in Begegnung*
8. Veränderungen einer Welt: *Bruderliebe, Nächstenliebe, Feindesliebe*

Ein ideales Buch für Pfarrer, Prediger & Seelsorger, Studenten & Bibelschüler, Hauskreisteilnehmer und alle anderen, die an einer knappen, gut lesbaren Überblicksdarstellung der Alten Kirche, einer Darlegung zentraler Quellen und kurzen Biografien zentraler Personen und ihrer Lebensvision interessiert sind. Zur zeitlichen Einordnung helfen übersichtliche Zeittafeln.

Eine Einführung in das Neue Testament

In welchem gesellschaftlichen, politischen und kulturellen Umfeld sind die Bücher des Neuen Testaments entstanden? Wer waren die Autoren? Wann sind die einzelnen Berichte und Briefe geschrieben worden? Buch für Buch führt Dr. Thomas Weißenborn durch das Neue Testament. Sein besonderes Plus: Er kommt ganz ohne das übliche „Fachchinesisch" aus, schreibt wissenschaftlich fundiert, spannend und informativ. Dabei scheut er sich nicht, unterschiedliche Theorien vorzustellen und auf die jeweiligen Thesen samt Antithesen einzugehen.
Über seine Schneisen werden Bibelleser, Hauskreisleiter, Studenten, Mitarbeiter in der Gemeinde – alle, die sich schnell und kompakt Wissen zum NT aneignen wollen – das Buch der Bücher leichter als bisher erobern.

Apostel, Lehrer und Propheten (1)
Band 1: Evangelien und Apostelgeschichte
ISBN 978-3-86122-676-5
256 Seiten, Paperback

Apostel, Lehrer und Propheten (2)
Band 2: Leben und Briefe des
Apostels Paulus
ISBN 978-3-86122-710-6
288 Seiten, Paperback

Apostel, Lehrer und Propheten (3)
Band 3: 1. Petrusbrief bis Offenbarung
ISBN 978-3-86122-722-9
224 Seiten, Paperback